SPRACHWISSENSCHAFTLICHE STUDIENBÜCHER

Inhalt

Vorwort

Dieses Übungsbuch versteht sich als eine Einführung in die Phonetik und Phonologie des Englischen im ausgehenden 14. Jahrhundert. Es nimmt den Prolog zu Geoffrey Chaucers Hauptwerk, *The Canterbury Tales*, zur Grundlage und versucht, anhand dieses Textes den Zugang zu einem wichtigen, wenn auch begrenzten, Bereich der historischen englischen Sprachwissenschaft zu eröffnen. Dabei ist zu berücksichtigen, daß sich heute nur wenigen der angehenden Anglisten die Möglichkeit bietet, ein ebenso breites und intensives Studium der älteren Sprachstufen des Englischen zu betreiben, wie dies noch während der Ausbildung der meisten ihrer heutigen Lehrer üblich war. Stattdessen muß man davon auszugehen, daß sich die Beschäftigung mit mittelalterlicher englischer Sprache und Literatur seither an vielen Universitäten auf ein Mindestmaß reduziert hat und oft – sofern sie überhaupt noch eine Rolle spielt – auf die oberflächliche Bekanntschaft mit nur einer Sprachstufe und die Lektüre weniger Textproben beschränkt bleibt. Man mag die Verlagerung des Interesses der anglistischen Lehre und Forschung von mediävistischen zu modischeren Themen bedauern; Rechung zu tragen ist ihr allemal durch die Bereitstellung von auf das Wesentliche konzentrierten, übersichtlichen, überschaubaren und lernbaren Materialien.

Diesem didaktischen Bemühen stellt sich die vorliegende Einführung in die Aussprache des Chaucer-Englischen. Einleitend werden zunächst Fragen der Rekonstruktion eines historischen Lautsystems im allgemeinen und in besonderer Hinsicht auf das Chaucer-Englische erörtert. Der Beschreibung des spätmittelenglischen Lautstandes schließt sich dann ein Kapitel an, in dem ausgewählte Erscheinungen des Lautwandels vorgestellt werden, anhand derer sich einerseits bestimmte mittelenglische Lautungen historisch erklären lassen, und die andererseits für die Entwicklung vom Chaucer-Englischen zum ne. Standard wichtig erscheinen. Dieser letzten Perspektive wird insofern der Vorzug gegeben, als nicht davon ausgegangen wird, daß die Benutzer des Buches über Kenntnisse des Altenglischen verfügen. Demgemäß steht in der Regel die Frage im Vordergrund, wie sich die Aussprache ne. Wörter aus der ihrer me. „Vorfahren" herleiten läßt. Über den Lautwandel hinaus wird sodann die Problematik der Veränderung des Lautsystems angesprochen und an den wichtigsten Arten des Phonemwandels dargestellt. Im Hauptteil bietet das Buch eine dem me. Originaltext gegenübergestellte phonetische Transkription, mit deren Hilfe das Lesen der Verse geübt werden kann. Sie basiert auf dem in den einleitenden Kapiteln behandelten Stoff und bemüht sich um Stimmigkeit. Wörter, deren me. Aussprache schwer erschließbar ist, sind mit einem Sonderzeichen (°) versehen und erhalten in Kapitel 7 zusätzliche Erläuterungen.

Insofern die in diesem Buch gewählte Darstellung Verkürzungen und Vereinfachungen bestimmter komplexer Sachverhalte enthält, so geschieht dies im Bemühen, das Material so aufzubereiten, daß das für ein Verstehen sprachgeschichtlicher Prozesse im Englischen Wichtige zugunsten weniger bedeutsamer Vorgänge auch für die Studenten „genießbar“ bleibt, die nur wenig Zeit für das Studium des Mittelenglischen aufbringen können oder wollen, und die sich von der Detailfülle der ausführlicheren Handbücher eher entmutigt fühlen.

Für die erfolgreiche Arbeit mit diesem Buch werden sprachwissenschaftliche Grundkenntnisse, besonders im Bereich der Phonetik und Phonologie, vorausgesetzt. Als Bezugspunkt für die heutige Aussprache des Englischen wird die sog. *Received Pronunciation* des britischen Standardenglischen gewählt.

Auf Fußnoten und Literaturverweise wurde bewußt verzichtet. Dies bedeutet freilich nicht, daß das Buch nicht in vielfältiger Weise einschlägigen Werken zur englischen Sprachgeschichte verpflichtet ist, deren wichtigste in der Bibliographie verzeichnet sind. Außerdem danke ich gerne den Anregungen vieler Teilnehmer meiner Lehrveranstaltungen während der letzten Jahre. Aus dem Kollegenkreis bin ich Frau Marianne Zuleger, Dr. John Insley, Prof. Dr. Manfred Görlach und Prof. Dr. Karl Reichl für wertvolle Hinweise zur Verbesserung des Manuskripts dankbar.

Heidelberg, im August 1998 Walter Sauer

Abkürzungen

ā,ǣ,ē,ī,ō,ū	etymologisch lange Vokale des Ae.
ae.	altenglisch
afrz.	altfranzösisch
agn.	anglonormannisch
an.	altnordisch
angl.	(ae.-) anglisch
arch.	archaisch
C	Konsonant
dt.	deutsch
Frik.	Frikativ
frae.	frühaltenglisch
frme.	frühmittelenglisch
frne.	frühneuenglisch
frz.	französisch
germ.	germanisch
GVS	*Great Vowel Shift*
kent.	(ae.-) kentisch
lat.	lateinisch
me.	mittelenglisch
N	Norden
ne.	neuenglisch
ÖML	östliches Mittelland
P.P.	Partizip Perfekt
RP	*Received Pronunciation*
S	Süden
SO	Südosten
spae.	spätaltenglisch
V	Vokal
WML	westliches Mittelland
ws.	(ae.-) westsächsisch
___	Freistelle (vor oder nach)
#___	Anlautposition
___#	Auslautposition
*	rekonstruierte Form
/	im folgenden Kontext
/ /	phonemische Umschrift
[ ]	phonetische Umschrift
< >	Schreibung
<	(entstand) aus
>	(wurde) zu

1. Vorüberlegungen

Von der Sprache Chaucers und seiner Zeitgenossen trennen uns sechs Jahrhunderte, in deren Verlauf das Englische tiefgreifende Veränderungen auf allen Ebenen erfuhr. Daß dies auch die Aussprache betrifft, ist nur in wenigen Fällen an einem Vergleich zwischen der Schreibung einzelner me. Wörter und der Orthographie ihrer ne. Entsprechungen zu erkennen. Nehmen wir dazu die ersten Verse des Prologs von Chaucers *Canterbury Tales* als Zeugen:

Whan that Aprill with his shoures soote
The droghte of March hath perced to the roote,
And bathed every veyne in swich licour
Of which vertu engendred is the flour;
Whan Zephirus eek with his sweete breeth
Inspired hath in every holt and heeth
The tendre croppes, and the yonge sonne
Hath in the Ram his halve cours yronne,
And smale foweles maken melodye,
That slepen al the nyght with open ye –
So priketh hem nature in hir corages –,
Thanne longen folk to goon on pilgrimages,
And palmeres for to seken straunge strondes,
To ferne halwes, kowthe in sondry londes.

Zunächst stellen wir fest, daß viele me. Wörter dieselbe oder eine ähnliche Schreibweise aufweisen wie im Ne. Solche Übereinstimmungen lassen jedoch ebensowenig zweifelsfrei auf eine identische Aussprache schließen, wie ein Unterschied in der Schreibung beweist, daß die Wörter nicht genau wie ihre ne. Nachfahren ausgesprochen wurden. Nur bei den (nicht sehr häufigen) größeren Abweichungen in der Schreibung liegt die Annahme nahe, daß auch eine andere Aussprache vorliegt. So ist etwa mit einiger Wahrscheinlichkeit anzunehmen, daß die me. Wörter *swich* (3) und *londes* (14) nicht dieselben Vokale wie ne. *such* und *lands* aufwiesen, *hem* (11) nicht mit demselben Anlaut wie heutiges *them*, und *hath* (2) nicht mit demselben Auslaut wie ne. *has* ausgesprochen wurde. Darüberhinaus verbietet uns zunächst die mangelnde Kenntnis der verwendeten Schreibkonventionen eine sichere Aussage. Erst wenn wir versuchen, die Verse nach modernen englischen Aussprachegewohnheiten zu lesen, stellen wir fest, daß wir damit ihrem ursprünglichen Metrum (iambischer Pentameter) nicht gerecht werden. Außerdem gelingt es uns nur selten, die vorhandenen Reimwörter des me. Textes als solche im Ne. zu verwenden. In obigem Abschnitt ist dies lediglich in Zeilen 7/8 *(sonne / yronne)* und 13/14 *(strondes / londes)* möglich, wo auch im Ne. die Wörter *sun* und *run*, bzw. *strands* und *lands* reimen können. Alle anderen Verspaare reimen heute nicht mehr. Diese Einsicht führt uns zu dem sicheren Schluß, daß sich die englische Aussprache zur Zeit Chaucers grundlegend von der heutigen unterschieden haben muß. Zugleich veranlaßt sie uns zu fragen, wie die Menschen vor rund 600 Jahren Englisch sprachen, und ob wir es überhaupt wagen können, diesbezüglich gültige Aussagen zu machen.

Wie bei jeder historischen Sprachform, die nur in schriftlicher Form überliefert ist, ist es auch im Falle des Chaucer-Englischen nicht unproblematisch, den Lautwert der verwendeten Schriftzeichen zu ermitteln. Allerdings ergeben sich bei näherer Prüfung durchaus verschiedene Möglichkeiten, die uns helfen, ein historisches Lautsystem zu rekonstruieren. Neben grundsätzlichen Überlegungen sollen hier solche im Vordergrund stehen, die für die Aussprache des Chaucer-Englischen besonders relevant sind.

- Auszugehen ist (bei alphabetischen Schriften) zunächst von dem Lautwert, den die Buchstaben in der Sprache hatten, aus der das Alphabet übernommen wurde. Für das Englische allgemein ist dies hauptsächlich die lateinische Tradition. Sie liefert uns bereits für das Ae. nicht nur ein Grundinventar von konsonantischen Graphemen, die mit einiger Wahrscheinlichkeit auch als Konsonanten ausgesprochen wurden (z. B. <p, t, b, d, s, f> ≙ /p, t, b, d, s, f/), sondern auch plausible Entsprechungen von Vokalgraphemen und -phonemen. Nach dieser Hypothese dürfte es z. B. auszuschließen sein, daß <i>, <a> oder <e> je dem Lautwert /u/ zuzuordnen waren.

- Ebenso wichtig kann die Kenntnis bestimmter Schreibkonventionen sein, denen die Schreiber historischer Texte verpflichtet waren. Im Me. wird dies etwa bei der Verwendung von Doppelgraphien für Vokale deutlich (z. B. *sweete*, *roote*), die sicher in jedem Falle *lange* Vokale bezeichneten. Außerdem sind die zahlreichen Konventionen zu nennen, die nach der normannischen Eroberung von Schreibern, die in nordfranzösischen Skriptorien ausgebildet worden waren, in die me. Orthographie eingeführt wurden, indem sie ihre frz., z. T. auch speziell agn. Schreibgewohnheiten auf englische Wörter übertrugen.

  Zu diesen Erscheinungen, die häufig auch in die ne. Rechtschreibung eingingen, gehören insbesondere:

  a) Die Verwendung des Graphems <o> für /u/ in der Nachbarschaft von Buchstaben, die mit einfachen Abstrichen (Minimen) geschriebenen wurden (bes. <m, n, v, w>), um die Lesbarkeit zu erleichtern (z. B. *sonne*, *love*).

  b) Die Graphie <ou, ow> für /u:/ (z. B. *shoures*, *foweles*).

Walter Sauer

Die Aussprache des Chaucer-Englischen

Ein Übungsbuch auf der Grundlage des Prologs der *Canterbury Tales*

UNIVERSITÄTSVERLAG C. WINTER
HEIDELBERG

Die Deutsche Bibliothek – CIP-Einheitsaufnahme

Sauer, Walter:

Die Aussprache des Chaucer-Englischen: ein Übungsbuch auf der Grundlage des Prologs der Canterbury tales / Walter Sauer. – Heidelberg: Winter, 1998

(Sprachwissenschaftliche Studienbücher)
ISBN 3-8253-0783-2

ISBN 3-8253-0783-2

Imprimé en Allemagne. Printed in Germany
Satz: OLD-Satz digital, Neckarsteinach
Druck: Strauss Offsetdruck, Mörlenbach

c) Die häufige Schreibung von <y> statt <i>, mit Lautwert /i/, das mit jenem in freier Variation auftritt (z. B. *veyne*, *veine*).

d) Die Graphie <ie> für /eː/ (z. B. *chief, field*) ab dem 15. Jh.

e) Die frz. Schreibung <u> statt ae. <y> mit Lautwert /y/ (z. B. *muche*, *murie*).

f) Die Verwendung der im Frz. üblichen Grapheme und Graphemverbindungen für /tʃ, v, kw/, nämlich: <ch, v, qu> (z. B. *chirche*, *love*, *queene*), sowie der Grapheme <c> und <g> für /s/ bzw. /dʒ/ vor hellem Vokal in frz. Lehnwörtern (z. B. *perced*, *pilgrimages*).

- Lehnwörter aus anderen Sprachen erlauben ebenfalls – wenigstens annähernde – Rückschlüsse auf ihre Aussprache, vorausgesetzt man kennt ihre Aussprache in der Herkunftssprache. Dies ist bei vielen frz. Lehnwörtern des Me. der Fall. So ist z. B. die Aussprache der Wörter *licour*, *flour*, *melodye* in obigem Text sowohl für das Afrz. / Agn. als auch das Me. als /likuːr, fluːr, melɔdiːə/ gesichert.

- Auch bei Erbwörtern kann man mit Hilfe der Etymologie Hinweise zu ihrer Aussprache gewinnen. Dies hat die vergleichende Sprachwissenschaft unter Rückgriff auf andere germ. Sprachen für das Lautsystem des Ae. besonders erfolgreich geleistet.

- Das Prinzip der sog. inneren Rekonstruktion läßt sich anwenden, um die Aussprache von Wörtern zu einer bestimmten Zeit zu erschließen, wenn man ihre Aussprache in einer vorangehenden und folgenden Sprachstufe kennt. Dabei hilft vor allem das Prinzip der phonetischen Wahrscheinlichkeit. So wissen wir etwa, daß das ae. Wort *nama* um das Jahr 1000 /namə/ lautete, während seine ne. Entsprechung ab ca. 1800 als /neɪm/ belegt ist. Da nicht anzunehmen ist, daß der betonte Vokal /a/ sprunghaft von /eɪ/ abgelöst wurde, sind verschiedene phonetisch plausible Prozesse zwischen diesen Zeitpunkten zu postulieren, nämlich Dehnung, Hebung und Diphthongierung. In unserem Fall stellt sich dies, bestätigt durch andere Informationen, in folgender Entwicklung dar: /a/ > /aː/ (ca. 1200) > /æː/ (ca. 1500) > /ɛː/ (ca. 1600) > /eː/ (ca. 1700) > /eɪ/.

- In dichterischen Texten geben Reimwörter – die Reimtreue des Dichters vorausgesetzt – Auskunft über identische Phoneme oder Phonemfolgen. Unser Chaucertext liefert dafür viele Beispiele.

- Auch die metrische Struktur eines poetischen Textes ist aussagekräftig. Sie ermöglicht zum einen Rückschlüsse auf die Betonung von Wörtern. So beweist unser Text, daß die Betonungsverhältnisse in den Wörtern *licour*, *melodye* und *corages* nicht die ihrer ne. Entsprechungen gewesen sein können, da ihre me. Reimsilben heute unbetont und daher nicht mehr reimbildend sind. Auch innerhalb der Zeile läßt uns das Versmaß Betonung und Silbenzahl von Wörtern erschließen. In unserem Fall beweist uns das Versmaß, daß viele heute einsilbige Wörter des Englischen in dem jeweils vorliegenden Kontext bei Chaucer zweisilbig gewesen sein müssen, z. B. *smale*, *yonge*, *bathed*, *sweete* u. v. m.

- Schreibungen eines Wortes nach dem Vorbild eines anderen belegen, daß die ausgetauschten Grapheme oder Graphemverbindungen zum Zeitpunkt des Auftretens solcher „umgekehrter" Schreibungen denselben Lautwert hatten. Wenn z. B. die me. Wörter *white* /hwiːt/ (< ae. *hwīt*), *delite* /diliːt/ (< afrz. *delit*) und *sprite* /spriːt/ (< afrz. *esprit*) in frne. Zeit in Analogie zu Wörtern wie *night*, *bright* (me. [niːçt, briːçt]) usw. mit <gh>-Schreibung auftauchen *(whight, delight, spright)*, läßt sich schließen, daß zu dieser Zeit der alte durch die Schreibung <gh> dargestellte Frikativ [ç] in *night* und *bright* verstummt war und z. B. *night* und *white* miteinander reimten. Dasselbe gilt für frne. Schreibungen wie *dought* statt *doute* (‚Zweifel'), die belegen, daß das <gh> zu dieser Zeit nicht mehr wie im Me. mit dem Lautwert [x] verbunden wurde. Und schließlich erhellt aus der umgekehrten Schreibung *doubty* für *doughty* (‚tüchtig'), daß in beiden Wörtern weder <gh> noch <b> gesprochen wurden.
- Vergleiche mit Lautungen in konservativen Regionaldialekten ermöglichen gelegentlich die Rekonstruktion einer diachronen Entwicklungsstufe des Engl. So leben etwa in heutigen Dialekten des Nordens die me. /u/-Lautungen in *love*, *son*, *but* usw. nach, im Schottischen ist das alte [x] in *daughter*, *through* usw. erhalten, und in vielen modernen „rhotischen" Mundarten wird das <r> wie im Me. auch vorkonsonantisch gesprochen.
- Schließlich können direkte Äußerungen von Zeitgenossen zur Aussprache einer bestimmten Zeit wertvolle Hilfsmittel für die Rekonstruktion von Lautungen sein. Allerdings wird ihr Wert durch deren oft subjektive, impressionistische und gelegentlich auch polemische Qualität geschmälert. Für die me. Periode und damit die Sprache Chaucers liegen uns jedoch diesbezüglich noch keine Zeugnisse vor, da erst in frne. Zeit das Interesse von Grammatikern, Sprachlehrern und Orthographiereformern an Fragen der Lautung einsetzt.

Die Ermittlung eines Lautsystems und der Aussprache einzelner Wörter darf sich indes in keinem Fall nur auf ein einziges Indiz stützen, sondern muß immer mit allen zur Verfügung stehenden Mitteln abgesichert werden. Die anhand der erwähnten Kriterien erzielten Ergebnisse ergänzen sich so zu einem Gesamtbild, das in seiner Entstehung einem Mosaik oder Puzzle gleicht. Dieser Aufgabe haben sich vorangegangene Generationen von Gelehrten mit großer Akribie gewidmet. Sie sind dabei zu im Ganzen sicher verläßlichen Ergebnissen gelangt, auf die wir, ohne in jedem Fall selbst den Beweis antreten zu müssen, zurückgreifen können.

Bei allem muß jedoch darauf hingewiesen werden, daß die erstellten Hypothesen dennoch in mehrfacher Hinsicht fragwürdig und unvollkommen sein können. Zu bedenken ist etwa, daß Schreibung in aller Regel konservativ ist und hinter den lautlichen Veränderungen herhinkt. Dies ist mehr als deutlich am Verhältnis zwischen Lautung und Schreibung im heutigen Englisch. Doch auch für das Chaucer-Englische bleibt dies ein Unsicherheitsfaktor, den es zu berücksichtigen gilt. Erschwerend kommt hinzu, daß die Analyse im Falle der komplexen Überlieferung von Chaucer-Texten – insgesamt sind allein über 80 (z. T. fragmentarische) Handschriften der *Canterbury Tales* erhalten – und angesichts einer oft auch innerhalb einer einzigen Handschrift nicht konsequenten Orthographie, gelegentlich zu unterschiedlichen Ergebnissen gelangt. Dabei ist es oft schwierig abzuschätzen, inwieweit diese auf unterschiedlichen Schreibkonventionen oder aber auf lautlichen Unterschieden beruhen, die dialektal, zeitlich oder sogar ideolektal begründet sein können. Gerade hinsichtlich der regionalen Variation ist zu bedenken, daß das Englische der Chaucerzeit in ungleich höherem Maße diatopisch differenziert war, als dies heute der Fall ist, und daß sich manche ne. Formen nicht direkt aus Chaucers Londoner Englisch herleiten lassen, sondern historisch anderen, konkurrierenden Dialektlautungen verpflichtet sind.

Schließlich sind wir gut beraten, mit etwaigen Aussagen zur konkreten *Aussprache* bescheiden zu sein. Auch wenn es gelingt, ein historisches Laut*system* mit seinen phonemischen Oppositionen einigermaßen schlüssig zu rekonstruieren, so sind wir, was die eigentliche Realisierung der Laute angeht, vielfach auf Spekulationen angewiesen. Für das Chaucer-Englische heißt das etwa, daß wir kaum in der Lage sind, Angaben über die genaue Qualität der Vokale oder zu bestimmten Realisierungsvarianten von Konsonanten zu machen. Dies gilt um so mehr für die Intonation und andere Merkmale der zusammenhängenden Rede.

Trotz allem reicht unsere Kenntnis aus, Chaucers Versdichtungen mit einiger Zuversicht laut zu lesen. Nur so können wir die ursprünglich zum Vortrag bestimmten Texte annähernd würdigen. Nicht zuletzt dieses Ziel verfolgt das vorliegende Übungsbuch.

2. Das Phoneminventar des Chaucer-Englischen

Für das Chaucer-Englische läßt sich folgendes Phoneminventar ansetzen:

2.1. *Konsonanten*

/p/	pig
/b/	big
/t/	toun
/d/	doun
/k/	crowe
/g/	growe
/f/	leaf
/v/	leave
/s/	asse
/z/	as
/ʃ/	ash
/θ/	thee (Vb.)
/ð/	thee (Pron.)

/x/	[x] soght [ç] sight
/tʃ/	chest
/dʒ/	geste
/m/	ram
/n/	[n] ran [ŋ] rang
/w/	wede
/h/	hede
/j/	yede
/r/	right
/l/	light

Der Bestand an Konsonantenphonemen zählt 23 bedeutungsunterscheidende Einheiten.

An wichtigen Varianten sind zu erwähnen:

- Das Phonem /x/ hat zwei stellungsbedingte Varianten, einen palatalen und einen velaren Frikativ, [ç] und [x] (sog. *ich*-Laut und *ach*-Laut), deren komplementäre Verteilung der im heutigen Hochdeutschen gleicht:

/x/ < [ç] /heller Vokal ____ (z. B. *knight, eight*)
/x/ < [x] /dunkler Vokal____ (z. B. *caught, droghte*)

Da sich die hier verwendete Transkription um eine konsequente phonemische Notierung bemüht, wird ausschließlich /x/ als Symbol verwendet.

- Der Nasal /n/ besitzt ein alveolares und ein velares Allophon. Ihre komplementäre Distribution ist wie folgt:

/n/ → [ŋ] /____ g,k (z. B. *soong, bank*)
/n/ → [n] /sonst (z. B. *nonne, wind*)

Auch für diese beiden Varianten wird konsequenterweise nur das Transkriptionssymbol /n/ gebraucht.

Darüberhinaus lassen sich zu Realisierungsmerkmalen der Konsonanten des Chaucer-Englischen, z. B. zur Aspiration von Fortis-Plosiven, Stimmhaftigkeit der Lenes usw., nur wenige genaue Aussagen machen. Einigermaßen gesichert ist jedoch, daß

- /r/ als Vibrationslaut (gerolltes Zungen-/r/) realisiert wurde;
- das Phonem /l/ neben hellem [l] auch dunkle [ɫ]-Varianten hatte, von denen letzte wohl hauptsächlich nach dunklen Vokalen vorkamen (z. B. *olde, smal, ful*);
- in mit <wh> beginnenden Wörtern (z. B. *where, while, whan*) ein aspiriertes stimmloses [ʍ] gesprochen wurde. Es wird in unserer Transkription phonemisch als /h/+/w/ interpretiert.

2.2. *Vokale*

/i/	bit
/iː/	bite
/e/	bet
/ɛː/	bete
/eː/	thee (Pron.)
/ə/	the (Art.)
/a/	sak
/aː/	sake
/ɔ/	los (Subst., ne. *loss*)
/oː/	loos (Adj., ne. *loose*)
/ɔː/	loos (Subst. ‚Ruhm')

/u/	ful
/uː/	foul
/ai/	jay
/ɔi/	joye
/iu/	due
/ɛu/	dew
/au/	sawe
/ɔu/	sowe

Das Vokal-Inventar des Chaucer-Englischen enthält 19 distinktive Einheiten. Im Vokaltrapez lassen sich die 13 Monophthonge wie folgt lokalisieren:

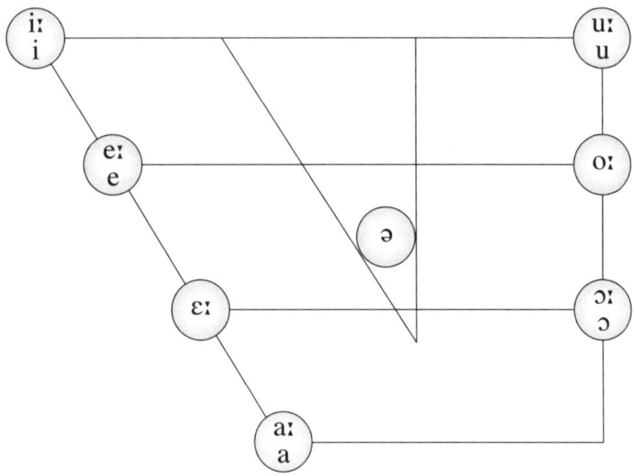

Dabei muß die Frage offen bleiben, ob im Falle von /iː/ ≠ /i/, /eː/ ≠ /e/, /ɔː/ ≠ /ɔ/, /uː/ ≠ /u/, /aː/ ≠ /a/ neben die quantitative möglicherweise bereits – wie im Ne. – eine qualitative Opposition trat (vgl. ne. /hɪt/ vs. /hiːt/). Die hier verwendete Transkription, in der z. B. /iː/ lediglich durch ein Längezeichen (und nicht durch ein anderes Symbol) von /i/ geschieden ist, vernachlässigt die Kennzeichnung eines solchen möglicherweise vorhandenen qualitativen Unterschieds.

Den fünf betonten Kurzvokalen stehen sieben Langvokale gegenüber; und zwar kontrastieren die mittleren Kurzvokale mit je zwei langen Vokalen (/e/ ≠ /eː/ ≠ /ɛː/ und /ɔ/ ≠ /ɔː/ ≠ /oː/). Diese Oppositionen werden von Chaucer im Reim konsequent berücksichtigt. /ə/ ist – wie im Ne. – immer unbetont. Der Laut [yː] fehlt in unserer Analyse. Er war zu Chaucers Zeit wohl nur noch im Soziolekt der Oberschicht in Wörtern frz. Ursprungs erhalten (z. B. *vertu*, *nature*) und sonst in diesen durch eine Art steigenden [ju]-Diphthong ersetzt. Die Transkription verwendet /iu/, das auch für den fallenden Diphthong [íu] (z. B. in *newe* /niuə/) verwendet wird. Von diesem Diphthong ist im ausgehenden 14. Jh. noch /ɛu/ geschieden, das allerdings eine geringe Frequenz aufweist (im Prolog der *Canterbury Tales* begegnet lediglich zwei Wörter: *lewed*, *fewe*; außerdem treten bei Chaucer noch die folgenden Wörter mit /ɛu/ auf: *beau*, *beautee*, *dew*, *ewe*, *reaume*, *shewe*, *shrewe*, *spew*).

3. Erste Orientierung zur Lektüre / Transkription

Als erste Hilfe für die Lektüre bzw. phonetische Transkription eines Chaucer-Textes können folgende Bemerkungen dienen. Sie müssen von Fall zu Fall durch die Ausführungen des folgenden Kapitels, die dem transkribierten Text beigefügten Erläuterungen (S. 86-94) oder ausführlichere Angaben in Handbüchern ergänzt werden. Die Notierung ist phonemisch.

3.1. Konsonanten

3.1.1. Allgemeines: Grundsätzlich werden alle geschriebenen Konsonanten ausgesprochen, z. B. *knight* /kniːxt/, *wrought* /wrɔuxt/.

- Ausnahmen:
  <g> ist stumm in der Verbindung <-ign->, z. B. *signe* /siːnə/, *compaignye* /kumpainiːə/.
  <h> ist im Anlaut von frz. Lehnwörtern häufig stumm, z. B. *hour, honest* /uːr, ɔnəst/.

3.1.2. Merke:

<ng> : /ng/, z. B. *singe* /singə/.
<wh> : /hw/, z. B. *whan* /hwan/.
<gh> : /x/, z. B. *night, though* /niːxt, ðɔux/; zum Lautwert vgl. S. 16.
<g> : /dʒ/, wenn im Ne. ebenfalls /dʒ/ vorliegt, z. B. *corages* /kuraːdʒəz/, sonst /g/, z. B. *gilt, get* /gilt, get/.
<c> : /s/ in frz. Lehnwörtern vor hellem Vokal *(certain, cite, grace)*, sonst /k/ *(cours, carie)*.
<s>, <th> : Die Fortis/Lenis-Verteilung bei den Frikativen ist in der Regel die des Ne. Im Inlaut heimischer Wörter herrscht Lenis vor, im Auslaut Fortis. Die Flexionsendungen <-es, -ys> lauten /əz, iz/ *(corages, erys)*; für die Verbalendungen <-(e)th> gilt /(ə)θ/ *(dooth, priketh)*.

3.2. Vokale

3.2.1. Betonte Vokale

3.2.1.1. Qualität

- Allgemeines: Grundsätzlich gilt sog. „kontinentaler" Lautwert (wie im Lat. oder Dt.).

- Merke:
  <y> : /i, iː/, z. B. *yronne, melodye* /irunə, melɔdiːə/ oder, wie im Ne., im Anlaut vor Vokal /j/, z. B. *youth, yerde* /juːθ, jerdə/.
  <ou, ow> : /uː/, z. B. *foul, licour, how* /fuːl, likuːr, huː/; /ɔu/-Lautung ist anzusetzen, wenn im Ne. nicht /au/ im Hauptton vorliegt, z. B. *lowe, thought* /lɔuə, θɔuxt/.
  <u> : /u/, z. B. *cut, studie* /kut, studiə/; /iu/ in frz. Lehnwörtern mit /yː/ Lautung, z. B. *vertu, nature* /vertiu, naːtiurə/.
  <o> : Außer für /ɔ, oː, ɔː/ *(folk, who, so)* steht das Graphem <o> für den Lautwert /u/ in der Nachbarschaft von Buchstaben, die mit einfachen Abstrichen (Minimen; besonders <m, n, v, w>) geschrieben wurden *(sondry, sonne, compaignye)*.
- Bei „regelmäßiger" Entwicklung läßt sich die Aussprache eines betonten me. Vokals anhand der ne. Lautung (selten Graphie) rekonstruieren. Dies gilt vor allem für die in der folgenden Tabelle aufgeführten Entsprechungen. Die Tabelle ist wie folgt zu lesen:

  Ne. /iː/ in der Schreibung <ee, ie> geht bei „regelmäßiger" Entwicklung auf me. („geschlossenes") /eː/ zurück; oder: Me. /eː/ ergibt bei „regelmäßiger" Entwicklung im Ne. /iː/; usw.

Ne. (2000)	*Me. (1400)*	*Me. Beispiel*	*Transkription*
iː <ee, ie>	eː	sweete, seege	sweːtə, seːdʒə
iː <ea>	ɛː	heeth, mete	hɛːθ, mɛːtə
uː	oː	roote, fool	roːtə, foːl
eɪ	aː <a>	name, tale	naːmə, taːlə
aɪ	iː	bite, light	biːtə, liːxt
ɔɪ	ɔi	coy, royal	kɔi, rɔial
aʊ	uː	droghte, loud	druːxtə, luːd
əʊ <o, oa>	ɔː <o, oo>	open, boot	ɔːpən, bɔːt
ɪ	i	pit, with	pit, wiθ
e	e	tendre, set	tendrə, set
æ	a	that, hath	ðat, haθ
ɒ	ɔ	on, long	ɔn, lɔng
ʌ	u	sunne, cut	sunə, kut

Zu den häufigen Sonderentwicklungen vgl. S. 30 f.

3.2.1.2. Quantität

- Vokale sind in der Regel kurz:
  - vor Doppelkonsonanz, z. B. *holt* /hɔlt/;
  - in der ersten Silbe drei- und mehrsilbiger Wörter, z. B. *wildernesse* /wildərnesə/;
  - in geschlossener (d.h. auf Konsonant ausgehender) Silbe, z. B. *smal* /smal/.

- Vokale sind in der Regel lang:
  - in offener (d.h. auf Vokal ausgehender) Silbe: z. B. *smale* /smaːlə/;
  - bei Doppelgraphie, oft bei <ee, oo, aa>, z. B. *soote, sweete, maad* /soːtə, sweːtə, maːd/;
  - oft vor /mb, nd, ld, rn, rd/, vgl. *climben, strond, wild, corn, bord* /kliːmbə, strɔːnd, wiːld, kɔːrn, bɔːrd/;
  - vor /x/, z. B. *droghte, knight* /druːxtə, kniːxt/.

- In Konfliktfällen ist in der Regel von der ne. Lautung her zu argumentieren. So ist z. B. in me. *ende, wenden* trotz Stellung vor /nd/ Kürze anzusetzen, da im Ne. /e/ (nicht /iː/) herrscht, und in me. *wyf, lyf, Crist* gilt trotz geschlossener Silbe /iː/, da ne. /aɪ/ (nicht /ɪ/) vorliegt.

3.2.2. Unbetonte Vokale

- Allgemeines: Unbetonte Vokale sind in der Regel kurz.
  (Merke: Betonte Vokale sind keineswegs immer lang!)
- Unbetontes <e> lautet meist /ə/, in unbetonten Präfixen meist /i/; z. B. *estat, renown* /istaːt, rinuːn/.
- Die Flexionsendung <-ed> lautet in der Regel /əd/.

Zur Aussprache von unbetontem finalem <e> im Vers vgl. S. 37 f.

3.3. Schwache Formen

Neben den starken/betonten Formen vieler grammatischer Wörter (Präpositionen, Konjunktionen, Hilfsverben, Artikel, Pronomen) werden in unbetonter Satzstellung – besonders in informeller Rede – in me. Zeit bereits schwache/unbetonte Formen verwendet, deren Vokale meist wohl zu /i/ bzw. /u/ gekürzt und gehoben (/heː/ > /hi/, /toː/ > /tu/) oder zu /ə/ abgeschwächt (/hem/ > /həm/, /ɔv/ > /əv/) waren. Inwieweit dies auch beim Vortrag eines Gedichts der Fall war, läßt sich nicht mit Sicherheit sagen, zumal der Gebrauch auch im Ne. schwankt. Für unsere Zwecke werden hier nur die schwachen Formen des bestimmten Artikels (/ðə/ und – vor Vokal – /ð/) angesetzt. Alle anderen schwachen/unbetonten Aussprachevarianten werden vernachlässigt.

4. Lautwandel

Wie alle anderen Ebenen der Sprache ist auch die Lautung ständigem Wandel unterworfen. Dies gilt besonders für ältere Sprachstufen, in denen Sprache vornehmlich mündlich tradiert wurde und der stabilisierende Einfluß von Massenkommunikation und einem Standard fehlten. Ein besondere Rolle spielt dabei auch die Mischung verschiedener regionaler oder sozialer Subsysteme.

Die historische Sprachwissenschaft beschreibt die Vorgänge mithilfe sog. „Lautgesetze", in denen bestimmte Gesetzmäßigkeiten in Regeln festgehalten werden.

Im folgenden werden einige für die Entwicklung vom Ae. zum Me. und vom Me. zum Ne. besonders wichtige Fälle von Lautwandel behandelt, die helfen sollen, die Aussprache des Chaucer-Englischen über den synchronen Stand hinaus zu erklären und besonders wichtige Änderungen zum Ne. hin zu erfassen. Die Erklärungen sind auf ein Mindestmaß an Details reduziert und stark vereinfachend.

Im einzelnen unterscheidet man folgende Vorgänge:

4.1. *Spontaner Lautwandel*

Bei dieser Form des Lautwandels ändern sich Lautungen unabhängig von der lautlichen Umgebung, in der sie auftreten.

Er läßt sich besonders im Vokalismus beobachten. Bei den folgenden Beispielen handelt es sich jeweils um qualitative Veränderungen, d.h um Veränderungen, die den Klang der Vokale, nicht ihre Länge (Quantität) betreffen.

4.1.1. ae. /y/ und /yː/ (lies *ü*, wie in dt. *Fülle*, *über*)

Die Reflexe des ae. /y(ː)/ sind in spae./frme. Zeit regional sehr differenziert. Nur im Südwesten (SW) und westlichen Mittelland (WML) bleibt die alte Aussprache erhalten, während in den Grafschaften des Südostens (SO), Nordens (N) und östlichen Mittellandes (ÖML) andere Lautungen vorherrschen. Schematisch lassen sich die Entsprechungen so darstellen:

	(N, ÖML)	/i(ː)/	
ae. /y(ː)/ <	(SW, WML)	/y(ː)/	(Graphie: <u>; vgl. S. 13)
	(SO)	/e(ː)/	

Im Standard setzen sich ab dem 14. Jh. im allgemeinen die /i(ː)/ Formen durch.

In anderen Fällen (/___tʃ, rC; und /ʃ___) wird /y/ velarisiert und erscheint dann als /u/;

z. B. ae. *mycel, cyrce, scyttan* > me. *much, churche* (neben *chirche*), *shut*.

In Aussprache und Schreibung einiger Wörtern leben im ne. Standard verschiedene ehemalige Dialektformen fort, so z. B. in:

ne. *busy* (< ae. *bysig*)
- ne. Schreibung <u> ≙ me. /y/ Lautung im SW, WML
- ne. Lautung /ɪ/ ≙ me. /i/ Lautung im N, ÖML

ne. *bury* (< ae. *byrgean*)
- ne. Schreibung <u> ≙ me. /y/ Lautung im SW, WML
- ne. Lautung /e/ ≙ me. /e/ Lautung im SO

ne. *merry* (< ae. *myrige*)
- ne. Schreibung <e> ≙ me. /e/ Lautung im SO
- ne. Lautung /e/ ≙ me. /e/ Lautung im SO

In Chaucer-Handschriften finden wir für ne. *merry* alle drei Schreibungen nebeneinander (z. B. *myrie*, *merie*, *murye*).

4.1.2. ae. /aː/

Dieser lange Vokal bleibt nur im äußersten Norden (nördlich einer Linie, die von der Humbermündung in nordwestlicher Richtung verläuft) erhalten. Im gesamten südhumbrischen Gebiet wird er während der me. Zeit zu /ɔː/ gehoben (sog. südhumbrische Verdumpfung).

ae. /aː/
- /aː/ (N)
- /ɔː/ (S)

Es ergeben sich so etwa aus ae. *stān* und *brād* die me. Dialektdoubletten *stane / stone* und *braad / brood*, die einerseits im heutigen Standard als *stone* und *broad*, andererseits z. B. in den schottischen Wörtern *stane* und *brade* (/steːn, breːd/) fortleben.

4.1.3. Die „Große Vokalverschiebung“ *(Great Vowel Shift)*

Ein Vergleich der Vokale in folgenden me. und ne. Wörtern zeigt, daß keiner der me. Langvokale seine Qualität bewahrt hat:

Beispiel	*Me.*	*Ne.*
ride	/iː/	/aɪ/
feet	/eː/	/iː/
beat	/ɛː/	/iː/
came	/aː/	/eɪ/
rode	/ɔː/	/əʊ/
mood	/oː/	/uː/
now	/uː/	/aʊ/

Von den sieben me. Langvokalen sind /iː, aː, ɔː, uː/ zu Diphthongen geworden, /eː, ɛː, oː/ wurden jeweils gehoben. Dieser spontane Lautwandel wird als „Große (spme. oder frne.) Vokalverschiebung" *(Great Vowel Shift)* bezeichnet. Einen ersten Höhepunkt erreichte sie gegen 1500 und fand ihren vorläufigen Abschluß um 1700, reicht aber in der Tendenz bis in moderne Entwicklungen hinein.

Die erste Stufe dieser Entwicklung (bis ca. 1500), die ab ca. 1400 die betonten me. Langvokale erfaßte, läßt sich am Vokaltrapez vereinfachend folgendermaßen darstellen:

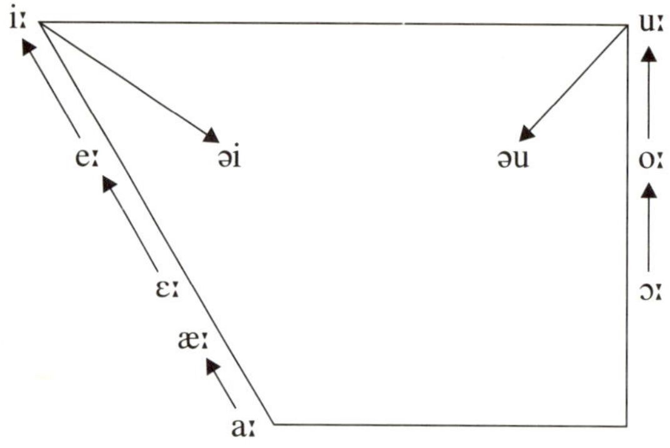

1400		*1500*
/iː/	>	/əi/
/eː/	>	/iː/
/ɛː/	>	/eː/
/aː/	>	/æː/
/ɔː/	>	/oː/
/oː/	>	/uː/
/uː/	>	/əu/

Wie man sieht, handelt es sich dabei um eine Art Kettenreaktion. Die Verschiebung begann möglicherweise in einer Diphthongierung der beiden Extremvokale (vgl. die gleiche Diphthongierung von auslautendem betontem /iː/ und /uː/ in der heutigen *RP*). Dies gab den jeweils offeneren Vokalen die Möglichkeit, um eine Stufe angehoben zu werden, ohne daß es zu „Kollisionen" kam. So lautete etwa das Wortpaar *heed : head* um 1400 [heːd] und [hɛːd], um 1500 dagegen nach unserer Darstellung [hiːd] und [heːd]. Die Oppositionen blieben also bestehen.

Allerdings herrscht über die genauen Vorgänge ebenso wie über den Zeitraum der einzelnen Vokalverschiebungen keine Einigkeit. Besonders für die Entwicklung von /ɛː/ > /eː/ und /ɔː/ > /oː/ werden zum Teil beträchtlich spätere Zeitpunkte angenommen. Dabei ist zu betonen, daß die entsprechenden Entwicklungen in den verschiedenen Schichten der englischen Gesellschaft keineswegs zeitgleich erfolgten bzw. sich durchsetzten. Die Veränderungen zeigten sich zunächst in der Aussprache der sozialen Unterschicht und wurden erst mit größerer zeitlicher Verzögerung von der konservativen Oberschicht angenommen oder als Schulaussprache akzeptiert. Außerdem bezieht sich die Darstellung nur auf den entstehenden Aussprachestandard im Süden Englands. Wie heute, ist also in den historischen Sprachstufen des Englischen von mehreren koexistierenden, sozial oder regional determinierten Ausspracheformen auszugehen.

Die weitere spontane Entwicklung der me. Langvokale und Diphthonge bis ca. 1800 ergibt sich aus der folgenden Tabelle. Wenn hier die einzelnen Vokalentwicklungen bestimmten Jahrhundertschnitten zugeordnet sind, so ist auch dies grob verallgemeinernd zu verstehen.

	1400 1500 1600 1700 1800	*Ne. Beispiele*	< >
1	ai → æi ↘ ɛː → eː → **ei**	**tail**, day	<ai, ay>
2	aː → æː ↗	**tale**	<a>
3	eː → **iː** ——→ iː	**meet**, chief	<ee, ie>
4	ɛː → eː → eː ↗	**meat**	<ea>
5	iː → əi → ʌi → **ɑi**	time, sky	<i, y>
6	ɔː → oː → oː ——→ **ou**	**no**, boat	<o, oa>
7	ɔu → **ou** ↗	**know**	<ow>
8	oː → **uː**	boot	<oo>
9	au → ɔu → **ɔː**	cause	<au>
10	uː → əu → ʌu → **ɑu**	foul, fowl	<ou, ow>

4.2. Kombinatorischer Lautwandel

Kombinatorischer Lautwandel wird durch bestimmte Nachbarlaute oder Betonungsverhältnisse ausgelöst und bleibt auf diese Umgebungen beschränkt. Er kann innerhalb eines Paradigmas oder einer Wortfamilie synchron zu Unregelmäßigkeiten führen. Da diese Lautunterschiede meist redundant sind, werden sie oft durch Systemausgleich (analogen Formenausgleich) wieder beseitigt; vgl. die me. Allomorphe *day* (Sg., < ae. *dæg*) und *dawes* (Pl., < ae. *dagas*) die zu den Formen *day*, *days* ausgeglichen wurden. Auch für den kombinatorischen Lautwandel finden sich die wichtigsten Beispiele bei den Vokalen, während der Konsonantismus relativ stabil bleibt.

Im Vokalismus beobachten wir sowohl quantitative als auch qualitative Veränderungen:

4.2.1. Dehnung

- Vor bestimmten Konsonantenverbindungen, sog. dehnenden Gruppen (u.a. Nasal oder Liquid + Lenis-Plosiv; bes. /mb, nd, ld/), wurden betonte Vokale – bereits im 8./9. Jh. – gelängt. Diese Dehnungen traten jedoch z.T. nicht in allen Dialekten, in allen Kontexten und bei allen Vokalen ein oder wurden später wieder rückgängig gemacht. Bei /i/ und /u/ blieb die Dehnung erhalten, wie man an den ne. Ergebnissen sieht;

  z. B. frae. *climban* /i/ > me. *climbe* /iː/
  hund /u/ > *hound* /uː/
  cild /i/ > *child* /iː/

  Vor Dreifachkonsonanz unterblieb die Dehnung. Es erklären sich so die unterschiedlichen Vokale in den ne. Wörtern *child : children*, *kind : kindred*.

- Im Verlaufe des 12./13. Jh. wurden betonte Vokale (mit Ausnahme von /i/ und /u/) in offener Silbe zweisilbiger Wörter gelängt. Im Falle von /e/ und /o/ war damit zugleich eine qualitative Veränderung (Öffnung) der Vokale verbunden;

  z. B. ae. *nama* /a/ > me. *name* /aː/
  stelan /e/ > *stele* /ɛː/
  open /o/ > *open* /ɔː/

  Da davon nur zweisilbige Wörter betroffen waren, konnte es innerhalb eines Paradigmas zu Alternationen kommen,

  z. B. in *heven* /ɛː/ und *hevenes* /e/
  blake /aː/ und *blak* /a/

Durch Systemausgleich wurde in den meisten Fällen später der Vokal *eines* Allomorphs verallgemeinert. Dieser Ausgleich unterblieb in einigen Fällen, in denen die Vokalalternation semantisch genutzt wurde, z. B. in *black : Blake* und *staff : stave*.

- Dehnung von /i/ vor /x/
  Gegen Ende der me. Zeit wird betontes /i/ vor dem palatalen [ç]-Allophon des Phonems /x/ zunehmend gedehnt. Der sich dabei ergebende spme. Langvokal liegt den ne. /aɪ/-Lautungen zugrunde; vgl. *night, fight, knight* /niːxt, fiːxt, kniːxt/.

- In frne. Zeit erfolgten Dehnungen kurzer Vokale vor bestimmten Konsonanten, besonders vor /r, s, f, θ/; vgl. 4.3.

4.2.2. Kürzung

- Vor nichtdehnender Doppelkonsonanz (vgl. 4.2.1.) wurden betonte lange ae. Vokale in spae. Zeit gekürzt;

  z. B. frae. *cēpte* /eː/ > me. *kepte* /e/
  fīftig /iː/ > *fifty* /i/
  hūsbonda /uː/ > *husbonde* /u/

  Durch diesen Vorgang erklären sich die Vokalalternationen in ne. *five* und *fifty*, *house* und *husband*, *out* und *utter*, *wise* und *wisdom*, *white* und *Whitman*, *keep* und *kept*, *feel* und *felt*, *lose* und *lost* usw.

- Betonte lange Vokale in der ersten Silbe dreisilbiger Wörter wurden in spae. Zeit gekürzt;

  z. B. frae. *scēpheorde* /eː/ > me. *shepherde* /e/
  sūþerne /uː/ > *southerne* /u/
  hāligdæg /aː/ > *holiday* /ɔ/ (zu /aː/ > /ɔː/ vgl. S. 23)

  Diese Kürzung bewirkt den ne. Vokalunterschied in *sheep* und *shepherd*, *south* und *southern*, *holy* und *holiday*, *Christ* und *Christmas* usw.

- In frne. Zeit konnte unter bestimmten Bedingungen in einsilbigen Wörtern eine Kürzung me. langer Vokale eintreten. Dies betraf etwa me. /ɛː/ und /oː/ vor Dentalen (/d, t, θ, v, f/). Während bei /ɛː/ diese Kürzung, etwa in den Wörtern *head*, *bread*, *dead*, *death*, *red*, *deaf*, durchgängig bereits zu Beginn der frne. Periode eintrat, beobachten wir bei me. /oː/ ggf. eine Kürzung zu unterschiedlichen Zeitpunkten während verschiedener Stadien des *GVS*. So erklärt sich, daß heute ganz unterschiedliche Lautungen für <-ood> (me. /oːd/) anzutreffen sind.

	1400	1500	vor 1620	nach 1620
flood /ʌ/	oː	uː	u	ʌ
good /u/	oː	uː	uː	u
mood /uː/	oː	uː	uː	uː

Setzt man die Entwicklung von /u/ > /ʌ/ um 1620 an, so muß im Falle von *flood* die Kürzung von /uː/ > /u/ also vor 1620 eingetreten sein und im Falle von *good* zu einer Zeit, nachdem die Senkung von /u/ > /ʌ/ abgeschlossen war. In *mood* unterblieb die Kürzung ganz.

4.2.3. i-Umlaut

Bereits in frae. Zeit wurden in allen germ. Sprachen (außer dem Gotischen) Vokale durch ein /i/ oder /j/ der Folgesilbe aufgehellt. Diese Palatalisierung betraf z. B. die velaren Vokale /u(ː), o(ː), a(ː)/. Sie wurden im erwähnten Kontext (/___C+i,j) zu den hellen Vokalen /y(ː), e(ː), e, æː/. Die diesen Vorgang auslösenden /i,j/ sind in der Regel bereits im Ae. nicht mehr erhalten;

z. B. frae. **fulljan* /u/ > ae. *fyllan* /y/
**dōmjan* /oː/ > *dēman* /eː/
**langiþu* /a/ > *lengþu* /e/
**hāljan* /aː/ > *hǣlan* /æː/

Reflexe dieses i-Umlauts finden sich im Chaucer-Englischen ebenso wie heute in zahlreichen Formen der Flexion und Wortbildung.

In der Nominalflexion gehen etwa die Vokale der „unregelmäßigen" ne. Plurale *mice, lice, feet, geese, men, brethren* ebenso auf den i-Umlaut zurück wie die Alternation /ɔː/ vs. /e/ bei der Komparation der me. Adjektive *long, old, strong* als *lenger, lengest, elder, eldest, strenger, strengest.* Weitere ne. Belege für diesen kombinatorischen Lautwandel in frae. Zeit sind z. B. *length* vs. *long*, *filth* vs. *foul*, *health* vs. *whole*, *birth* vs. *bear*, *deem* vs. *doom*, *gild* vs. *gold*, *tell* vs. *told*, *sell* vs. *sold*, *teach* vs. *taught*, *think* vs. *thought*.

4.2.4. Vokalisierung

Im Frme. wird der ae. sth. velare Frikativ /ɣ/ (ae. Graphie <g>) nach <a, o> zu /u/ vokalisiert. Es entstehen die Diphthonge /au/ und /ɔu/;

z. B. ae. *lagu* /aɣ/ > me. *lawe* /au/
geflogen /oɣ/ > *flowe* /ɔu/
plōgas /oːɣ/ > *plowes* /ɔu/

Auf ae. /oːɣ/ zurückgehendes /ɔu/ wird ab dem Ende des 14. Jh. zu /uː/ monophthongiert (z. B. *plowes* /pluːəz/).

4.2.5. Entstehung eines Gleitlauts

Im 13. Jh. wird vor dem velaren Allophon [x] des ae. Phonems /x/ (Graphie <h>) ein Gleitlaut /u/ eingefügt. Es entstehen die Diphthonge /au/ und /ɔu/;

z. B. ae.	*gefohten* /o/	>	me. *fought* /ɔu/
	dāh /aː/	>	*dough* /ɔu/
	genōh /oː/	>	*ynough* /ɔu/
	tahte /a/	>	*taught* /au/

Allerdings ist der Diphthong /ɔu/ im Chaucer-Englischen nicht immer an der Graphie zu erkennen; es wechseln die Schreibungen *ynogh* und *ynough*, *doghter* und *doughter* usw.

Auf ae. /oːx/ zurückgehendes /ɔu/ wird ab dem Ende des 14. Jh. zu /uː/ monophthongiert (z. B. *ynough* /inuːx/).

4.2.6. Reduktion druckschwacher Vokale (Endungsverfall)

Ab dem 10. Jh. werden die unbetonten Endungsvokale /a, o, u/ zu /ə/ abgeschwächt.

Z. B. frae.	*stānas* /-as/	>	me. *stones* /-əz/
	brōþor /-or/	>	*brother* /-ər/
	lufu /-u/	>	*love* /-ə/

Bis zum Ende der me. Zeit sind die resultierenden /-ə/ im Auslaut in der Regel verstummt. Zur Aussprache im Vers vgl. S. 37 f.

4.2.7. Betonungsverlagerung

In zahlreichen mehrsilbigen Lehnwörtern – insbesondere solchen frz. Ursprungs – ist seit der me. Zeit eine Veränderung der Betonungsverhältnisse eingetreten. Sie wurden in der Regel an das für das Englische typische Prinzip der Stammbetonung angeglichen. Im Chaucer-Englischen finden wir dagegen meist noch die afrz. Betonungsmuster, in denen jeweils die letzte Silbe (mit Ausnahme von /ə/) einen Akzent trug und auch Suffixe betont wurden;

z. B. me.	*nature* /naː'tiurə/	>	ne. /'neɪtʃə/
	pilgrimage /'pilgri'maːdʒə/	>	/'pɪlgrɪmɪdʒ/
	felicitee /fe'lisit'eː/	>	/fə'lɪsɪtɪ/
	confessioun /kɔn'fesi'uːn/	>	/kən'feʃn/
	servisable /'servi'saːblə/	>	/'sɜːvɪsəbl/

4.2.8. Lenisierung an- und auslautender Frikative

Im Anlaut von unbetonten Funktionswörtern (z. B. *the, that, thou* usw.) wird im 14. Jh. /θ/ > /ð/ lenisiert. Diese Lenisierungen sind bis heute erhalten.

Auch im Auslaut von unbetonten Funktionswörtern und silbischen Flexionsendungen werden ab dem 14. Jh. die Fortis-Frikative zunehmend lenisiert. Dies betrifft neben den Endungen *-(e)s* vor allem die Wörter *is, was, as, of, his.* Für die Verbendung <*(e)th*> und in der Präposition *with* ist wohl noch Fortis-Aussprache (/θ/) anzusetzen.

4.3. Einige lautliche Sonderentwicklungen vom Me. zum Ne.

Im Vokalismus vieler ne. Wörter beobachten wir Lautentwicklungen, die von den „regelmäßigen" (d.h. häufigsten) Ergebnissen abweichen. Die wichtigsten dieser Sonderentwicklungen können aus der folgenden tabellarischen Übersicht ersehen werden. Die Tabelle ist z. B. wie folgt zu lesen:

Me. /i/ ergibt bei „regelmäßiger" Entwicklung ne. /ɪ/ (vgl. *wit*). Vor auslautendem oder vorkonsonantischem /r/ wird es zu /ɜː/, vgl. *sir, bird, dirt* usw.

	Me.	*Ne. regelmäßig*	*Ne. Sonderentwicklung*	*Kontext*	*Ne. Beispiele*
1	/i/	/ɪ/ wit	/ɜː/	/___r#, rC	sir, bird, dirt
2	/e/	/e/ set	/ɑː/ /ɜː/ /ɔː/	/___r#, rC /___r#, rC /w___r#, rC	star, far, dark serve, mercy, perfect war, wart
3	/a/	/æ/ at	/ɒ/ /ɑː/ /ɑː/ /ɑː/ /ɔː/ /ɔː/ /ɔː/	/(h)w___ /___Frik. /___r#, rC /___lf, lv, lm /___lk /___l#, ld, lt /w___rC	was, what, wasp bath, path, castle bar, hard, lard half, calve, palm walk, chalk, talk all, bald, malt warn, warm
4	/ɔ/	/ɒ/ hot	/əʊ/ /ɔː/	/___l#, lC /___r#, rC	roll, mold, folk for, horse, north
5	/u/	/ʌ/ cut	/ʊ/ /ɜː/	/Labial___ /___r#, rC	woman, butcher, pull worth, world, word

	Me.	*Ne. regelmäßig*	*Ne. Sonder-entwicklung*	*Kontext*	*Ne. Beispiele*
6	/eː/	/iː/ meet	/aɪ/ /ɪə/	 /___r#, rC	*nur in*: briar, friar, entire beer, pierce, clear
7	/ɛː/	/iː/ lead	/eɪ/ /e/ /eə/ /ɜː/	 /__Dental /__r# /__rl, rn	*nur in:* great, break, steak bread, dead, red bear, wear, there pearl, earl, learn
8	/aː/	/eɪ/ rate	/eə/	/__r#, rV	care, bare, vary
9	/oː/	/uː/ food	/ʌ/ /ʊ/ /ɔː/ /ʊə/	/___Dental, /___d, t, k /__r# /__r#	blood, flood, other good, foot, book door, floor *nur in:* moor, poor
10	/ɔː/	/əʊ/ go	/ɔː/ /ɔː/ /ɒ/ /ɔː/	/___r#, rn, rd, /___rV /___t, θ# /___d	more, corn, horn, board glory, story hot, cloth *nur in:* broad, abroad
11	/uː/	/aʊ/ now	/uː/ /uː/ /uː/ /ɔː/ /ʌ/ /ʌ/	/___m, b, p /w___ /j___ /___rC /___x	room, stoop, loop wound, swoon, woo you, youth court, course *nur in:* rough, enough, tough, double
12	/iu, ɛu/	/juː/ new, few	/uː/ /uː/ /uː/	/r___ /dʒ, tʃ___ /Cl	true, shrew, brew juice, Jew, chew flew, blue, clue
13	/ai/	/eɪ/ maid	/eə/	/___r#, rV	pair, fair, fairy
14	/ɔu/	/əʊ/ low	/ɔː/ /ɒ/	/___xt / x#	thought, bought *nur in:* cough, trough
15	/au/	/ɔː/ straw	/ɑː/ /ɑː/ /ɑː/ /eɪ/ /eɪ/ /æ/ /ɒ/	/___x /___nd, nt, ns# /___Labial /___ndʒ	laugh, draught command, aunt, dance *nur in:* example, sample angel, strange, danger safe, chamber, gauge savage, Canterbury sausage, laurel

Wie aus der Tabelle ersichtlich, sind die meisten Sonderentwicklungen Resultate von kombinatorischem Lautwandel. Dabei spielt die

Stellung vor /r/ (/___r) eine besondere Rolle. Auf folgende Fälle sei hingewiesen:

- Die zentrierenden Diphthonge /ɪə, eə, ʊə/ (s. o. 6, 7, 8, 9, 13) des Ne. erklären sich durch Vokalisierung von auslautendem und vorkonsonantischem /r/ im britischen Standard des späten 18. Jh.
- Ne. /ɜː/ entwickelt sich (mit wenigen Ausnahmen) aus vier Quellen (s. o. 1, 2, 5, 7):

Ne.	Me.	Kontext	Beispiel
/ɜː/	/i/	/___r#, rC	sir, first
/ɜː/	/e/	/___r#, rC	her, mercy
/ɜː/	/u/	/___r#, rC	fur, curtain
/ɜː/	/ɛː/	/___rl, rn	earl, earn

Der Phonemzusammenfall (s. 5.2.) ist ca. 1600 anzusetzen.

- Im Falle von Wörtern mit ne. <ear> (s. o. 6 und 7) lassen sich folgende Regelmäßigkeiten feststellen:

Graphie	Ne.	Me.	Beispiel
<ear>	/ɪə/	/eː/	clear
<ear>	/eə/	/ɛː/	wear
<ear>	/ɜː/	/ɛː/	pearl

- Die Entwicklung von me. /eː/ > ne. /aɪ/ (s. o. 6) ergibt sich aus einer frühen Hebung von /eː/. Verglichen mit der allgemeinen Entwicklung (z. B. *meet*) stellt sich die Chronologie innerhalb der *GVS* dann folgendermaßen dar:

	1400	1450	1500	1600	1700
meet	/eː/	/eː/	/iː/	/iː/	/iː/
friar	/eː/	/iː/	/əi/	/ʌɪ/	/ɑɪ/

- Für Wörter mit ne. /ʌ/ (s. o. 5, 9, 11) lassen sich folgende Entwicklungen ansetzen (vgl. auch S. 28):

	1400	1500	vor 1620	nach 1620
but	u	u	u	ʌ
double	uː	uː	u	ʌ
blood	oː	uː	u	ʌ

Tabelle S. 30/31 nur so weit lernen wie auf S. 32/33, 35

5. Phonemwandel

Unter *Laut*wandel versteht man zunächst die phonetischen Veränderungen der Aussprache. Darüberhinaus bezeichnet man die Veränderungen im Laut*system* einer Sprache als Phonemwandel. Ein solcher phonemischer (oder phonologischer) Wandel liegt vor, wenn bestimmte lautliche Einheiten im Laufe der Sprachgeschichte einen Statuswandel erfahren, neu hinzukommen oder verloren gehen. Grundsätzlich lassen sich folgende Typen unterscheiden:

Phonemspaltung, Phonemzusammenfall, Phonemschwund und Phonemverschiebung.

5.1. Phonemspaltung

Ein Phonem kann sich in zwei Phoneme spalten, wenn seine Allophone auf Grund anderer lautlicher Entwicklungen synchron nicht mehr in komplementärer Verteilung stehen, sondern zu distinktiven Einheiten werden und neue Oppositionen markieren.

- In der Entwicklung vom Ae. zum Me. trat eine solche Entwicklung etwa bei den paarweise auftretenden Frikativen [f, s, θ] und [v, z, ð] ein. Sie waren im Spae. komplementär verteilt, da die Lenes nur in sth. Umgebung auftraten:

/f, s, θ/ <	[v, z, ð]	/sth.___sth.
	[f, s, θ]	/sonst

  Die sechs Laute waren im Ae. also drei Phonemen zuzuordnen. Ihr Status ändert sich erst mit dem Auftreten von [v, z, ð] in anderer als stimmhafter Umgebung und der Enstehung von Minimalpaaren des Typs *leaf* ≠ *leave* (/lɛːf/ ≠ /lɛːv/), in denen Fortis- und Lenis-Frikativ in Opposition zueinander standen. Für diese Lenes-Frikative ist daher bereits im Chaucer-Englischen wie im Ne. ein eigener Phonemstatus anzusetzen: /f/ ≠ /v/; /s/ ≠ /z/; /θ/ ≠ /ð/.

- Derselbe Vorgang läßt sich während der frne. Zeit am Statuswandel des velaren Nasals [ŋ] beobachten, der bis ins 16. Jh. ein Allophon von /n/ war. Seine Distribution war im Me. auf den Kontext /___g, k beschränkt und demnach nur in Wörtern des Typs *king*, *sing*, *thank* zu erwarten:

/n/ < [ŋ] /___g, k
/n/ < [n] /sonst

Im 17. Jh. erhielt der velare Nasal mit dem Verstummen von auslautendem [g] in Wörtern wie *sing* ([siŋg] > [siŋ]) bedeutungsunterscheidende Funktion und damit Phonemstatus: /n/ ≠ /ŋ/. Die me. Lautfolgen wie [sin] ≠ [siŋg] (phonemisch: /sin/ ≠ /sing/) wurden dadurch im Frne. zu Minimalpaaren: /sin/ ≠ /siŋ/. Das me. /n/ mit seinen beiden Allophonen [n] und [ŋ] hat also im Frne. eine Phonemspaltung erfahren.

5.2. Phonemzusammenfall

Zwei benachbarte Phoneme fallen zusammen, indem beide zu einer neuen distinktiven Einheit verschmelzen (bzw. ein Phonem im anderen aufgeht). Durch diesen Vorgang werden entsprechende Minimalpaare zu Homophonen/Homonymen. Beispiele finden sich besonders im Vokalsystem.

- Das Frne. hat im Rahmen des *Great Vowel Shift* eine Reihe solcher Phonemzusammenfälle erfahren. So nahmen etwa me. /ai/ und /aː/ ebenso wie /ɔu/ und /ɔː/ ab ca. 1600 eine je gemeinsame Entwicklung. Ab ca. 1700 wurde dic Vokalqualität in Wörtern mit ursprünglichem me. /eː/ von der in solchen mit me. /ɛː/ nicht mehr unterschieden. Es war jeweils ein Phonemzusammenfall eingetreten. Die Entstehung derartiger Homophonien innerhalb des *Great Vowel Shift* sei an je einem Beispiel illustriert:

	1400	1500	1600	1700
tail	tail	tæil	tɛːl	
tale	taːl	tæːl	tɛːl	
grown	grɔun	groun	groːn	
groan	grɔːn	groːn	groːn	
meet	meːt	miːt	miːt	miːt
meat	mɛːt	meːt	meːt	miːt

Weitere Beispiele:
hail : hale, mail : male, pale : pail
flee : flea, see : sea, reed : read
low : lo, know : no, towed: toad : towed, sowl : sole.

5.3. Phonemschwund

Verschwindet ein Phonem aus dem Inventar einer Sprache, so spricht man von Phonemschwund. Dies ergibt sich entweder durch das Verstummen von Lauten oder als Folge von Phonemzusammenfall (s. o.).

- Dieser Vorgang ereignete sich zu Beginn der frne. Periode beim Phonem /x/ (<gh>). Seine beiden velaren und palatalen Allophone [x] und [ç] wurden (außer im Norden) in den meisten Wörtern vom vorausgehenden Vokal absorbiert (z. B. *light, night, weigh, bought, daughter, taught*). Nur in wenigen Wörtern mit alten [ux]-Lautungen setzte sich im Frne. [f]-Aussprache durch (z. B. *laugh, rough, enough, cough, trough, tough*).

5.4. Phonemverschiebung

Eine Phonemverschiebung tritt ein, wenn die Realisierungen zweier Phoneme sich ändern, ohne daß es dabei zu einer Aufgabe ihrer Oppositionen – also nicht zu Phonemzusammenfall – kommt. Als solche Phonemverschiebungen lassen sich etwa die Vorgänge im Zusammenhang mit der *Great Vowel Shift* bis um 1500 interpretieren (s. o.).

6. Text und Transkription

Die hier abgedruckten ersten 858 Zeilen der *Canterbury Tales* folgen im allgemeinen dem Text der Ellesmere-Handschrift. Nur gelegentlich wurden Lesarten anderer Handschriften herangezogen. Die phonetische Transkription wurde auf der Basis der in Kapitel 1 und 2 erläuterten Lautentwicklungen und Regeln erstellt. Sie ist bestrebt, einen für Übungszwecke geeigneten, lesbaren Text zu bieten. In Kapitel 7 werden Erläuterungen zu solchen Wörtern gegeben, deren me. Aussprache schwer erschließbar ist.

Zur Metrik:

Für das Lesen und die Skandierung der Verse können die folgenden Angaben dienen:

Die von Chaucer mit Vorliebe verwendete dichterische Form, die auch im Prolog und den meisten Erzählungen der *Canterbury Tales* erscheint, ist das später so genannte „heroic couplet". Es besteht aus paarweise gereimten Versen mit jeweils fünf Hebungen, bei denen sich in der Regel unbetonte und betonte Silben abwechseln (jambischer Pentameter). Eine typisches Verspaar aus dem Prolog (Z. 19 f.) ist demnach wie folgt zu skandieren:

bi'fil ðat 'in ðat 'sɛːzuːn 'ɔn a 'dai
in 'suːθwerk 'at ðə 'tabard 'az iː 'lai.

Allerdings ist beim Lesen darauf zu achten, daß von den fünf Hebungen häufig die Formwörter – in unserem Fall: *in, on, at, as* – weniger stark betont werden als die betonten Silben bedeutungstragender Wörter. Die Zahl der eigentlichen Hebungen reduziert sich in obigem Verspaar damit auf drei:

bi'fil ðat in ðat 'sɛːzuːn ɔn a 'dai
in 'suːθwerk at ðə 'tabard az iː 'lai.

Die regelmäßige Abfolge von betonten und unbetonten Silben im Vers erfordert dabei häufig die Aussprache von heute unsilbischen oder überhaupt fehlenden Flexionsendungen und auslautendem /ə/, z. B.

so priketh hem /sɔː 'prikəθ 'hem/
sweete breeth /'sweːtə 'brɛːθ/
yonge sonne /'jungə 'sunə/
slepen al the nyght /'sleːpən 'al ðə 'niːxt/.

Dagegen unterbleibt die Aussprache von finalem <-e>, wenn sie den Erfordernissen des Metrum nicht entspricht, z. B.

*moote be cosy*n /'moːt beː 'kuzin/
*this goode man saug*h /ðis 'goːd man 'saux/.

Ansonsten wird im Zeileninneren der Hiatus vermieden (und die regelmäßige Abfolge betonter und unbetonter Silben gesichert), indem finales <-e> vor vokalisch oder mit <h> anlautendem Folgewort stumm bleibt, z. B.

droghte of March /ˈdruːxt ɔv ˈmartʃ/
come into /ˈkum inˈtoː/
dwelte at hoom /ˈdwelt at ˈhɔːm/
dresse his takel /ˈdres his ˈtakəl/.

Am Zeilenende sind finale <-e> immer als weibliche Reime zu lesen, z. B.

soote : *roote* /soːtə/ : /roːtə/.

Verstechnische Gründe führen darüberhinaus nicht selten zu Verschleifungen, Elisionen und Synkopen innerhalb der Zeile. Zu beachten sind etwa

- Verschleifungen bei auf /i/ auslautenden Wörtern in Verbindung mit vokalisch anlautendem Folgewort (*many a man* /ˈmani‿a ˈman/);
- die Elision des bestimmten Artikels (*alle the ordres* /ˈalə ð ˈɔrdrəz/);
- und die Synkope eines sonst meist gelauteten Flexionsvokals (*loved he best* /luvd heː best/.

Unter den gelegentlichen metrischen Unregelmäßigkeiten sind besonders zu nennen:

- das Fehlen der ersten unbetonten Silbe, z. B.

ˈhwan ðat ˈaːpril ˈwiθ hiz ˈʃuːrəz ˈsoːtə
ˈtwenti ˈboːkəz ˈklad in ˈhwiːt and ˈrɛːd

- die Umstellung (Inversion) des Versfußes, besonders in Fällen in denen sonst ein Formwort oder eine Flexions- oder Auslautsilbe betont würde:

ˈrɛːdi toː ˈwendən ˈɔn miː ˈpilgriˈmaːdʒə
ˈtrɔuθ and ɔˈnuːr, ˈfreːdoːm and ˈkurtaiˈziːə.
ˈsinging heː ˈwaz, ɔr ˈflɔiting, ˈal ðə ˈdai.

Skandierungszeichen sind bei der fortlaufenden Transkription des Textes nicht gesetzt. Zum Einlesen seien hier jedoch die ersten 42 Zeilen des Prologs skandiert. Dabei werden grundsätzlich alle fünf (theoretischen) Hebungen im Vers berücksichtigt; die Silben, die beim Vortrag besonders hervortreten (können), sind mit einem verstärkten Akzent versehen.

▾hwan ðat ▾aːpril ˈwiθ hiz ▾ʃuːrəz ▾soːtə
ðə ▾druːxt ɔv ▾martʃ haθ ▾peːrsəd ˈtoː ðə ▾roːtə,
and ▾baːðəd ▾evri ▾vain in ▾switʃ li▾kuːr
ɔv ˈhwitʃ ver▾tiu in▾dʒendrəd ˈiz ðə ▾fluːr;
hwan ▾zefirus ▾eːk ˈwiθ hiz ▾sweːtə ▾brɛːθ

in▾spiːrəd ˈhaθ in ▾evri ▾hɔlt and ▾hɛːθ
ðə ▾tendrə ▾krɔpəz ˈand ðə ▾jungə ▾sunə
ˈhaθ in ðə ▾ram hiz ▾halvə ▾kuːrs i▾runə;
and ▾smaːlə ▾fuːləz ▾maːkən ▾melɔ▾diːə,
ðat ▾sleːpən ▾al ðə ▾niːxt wiθ ▾ɔːpən ▾iːə,
▾sɔː prikəθ ˈhem naː▾tiur in ˈhir ku▾raːdʒəz,
▾ðan lɔngən ▾fɔlk toː ▾gɔːn ɔn ▾pilgri▾maːdʒəz,
and ▾palmərz ˈfɔr toː ▾seːkən ▾straundʒə ▾strɔːndəz,
toː ▾fernə ▾halwəz ▾kuːθ in ▾sundri ▾lɔːndəz.
and ▾spesiaˈli fram ▾evri ▾ʃiːrəz ▾endə
ɔv ▾ingəˈlɔːnd toː ▾kauntərˈbri ðai ▾wendə,
ðə ▾hɔːli ▾blisful ▾martir ˈfɔr toː ▾seːkə,
▾ðat hem haθ ▾hɔlpən ▾hwan ðat ˈðai wɛːr ▾seːkə.
bi▾fil ðat ˈin ðat ▾sɛːzuːn ˈɔn a ▾dai
in ▾suːθwerk ˈat ðə ▾tabard ˈaz iː ▾lai,
▾rɛːdi toː ▾wendən ˈɔn miː ▾pilgri▾maːdʒə
toː ▾kauntərˈbri wiθ ▾ful di▾vuːt ku▾raːdʒə,
at ▾niːxt wɛːr ▾kum inˈtoː ðat ▾hɔstəlˈriːə
wel ▾niːn and ▾twenti ˈin a ▾kumpainiːə
ɔv ▾sundri ▾fɔlk, biː ˈavən▾tiur i▾falə
in ▾felauˈʃip, and ▾pilgrimz ˈwɛːr ðai ▾alə
▾ðat toːward ▾kauntərˈberi ▾woːldən ▾riːdə.
ðə ▾tʃaːmbrəz ˈand ðə ▾staːbləz ˈwɛːrən ▾wiːdə,
and ▾wel weː ˈwɛːrən ▾ɛːzəd ˈatə ▾bestə.
and ▾ʃɔrtli, ˈhwan ðə ▾sunə ˈwaz toː ▾restə,
▾sɔː had iː ▾spɔːkən ˈwiθ hem ▾evri▾tʃɔːn
▾ðat iː waz ˈɔv hir ▾felauˈʃip a▾nɔːn,
and ▾maːdə ▾fɔrward ▾ɛːrli ˈfɔr toː ▾riːzə,
toː ▾taːk uːr ▾wai ðɛːrˈaz iː ˈjuː di▾viːzə.
but ▾naðə▾lɛːs, ▾hwiːl iː hav ▾tiːm and ▾spaːsə,
▾ɛːr ðat iː ▾ferðər ˈin ðis ▾taːlə ▾paːsə,
meː ▾θinkəθ ˈit a▾kɔrdaunt ˈtoː rɛː▾zuːn
toː ▾telə ˈjuː ▾al ðə kɔnˈdisi▾uːn
ɔv ▾ɛːtʃ ɔv ˈhem, ▾sɔː az it ▾seːməd ▾meː,
and ▾hwitʃ ðai ▾wɛːrən, ˈand ɔv ▾hwat di▾greː,
and ▾eːk in ˈhwat a▾rai dat ˈðai wɛːr ▾inə,
and ˈat a ▾kniːxt ðan ˈwul iː ▾first bi▾ginə.

* * *

Der Prolog der *Canterbury Tales*

Prologue

w Han that Apryll wyth hys ſhouris ſote
The droughte of marche hath percyd the rote
And bathyd euery veyne in ſuche lycour
Of whyche vertue engendryd is the flour
Whanne Zepherus eke wyth hys ſote breth
Enſpyrid hath in euery holte and heth
The tendyr croppis/and the yonge ſonne
Hath in the ram half hys cours y ronne
And ſmale foulis make melodye
That ſlepyn al nyght wyth opyn eye
So prykyth hem nature in her corages
Than longyn folk to gon on pylgremages
And palmers to ſeche ſtraunge ſtrondis
To ſerue halowys couthe in ſondry londis
And ſpecyally fro euery ſhyris ende
Of engelond to Cauntirbury thy wende
The holy blyſſful martir for to ſeke
That them hath holpyn when they were ſeke

Der obige Textauszug und die meisten der verwendeten, stark verkleinerten Holzschnitte stammen aus dem Frühdruck der *Canterbury Tales* von William Caxton (London 1484). Sie werden ergänzt durch Bilder aus anderen frühen Chaucer-Ausgaben.

Whan that Aprill with his shoures soote
The droghte of March hath perced to the roote,
And bathed every veyne in swich licour
Of which vertu engendred is the flour;
Whan Zephirus eek with his sweete breeth
Inspired hath in every holt and heeth
The tendre croppes, and the yonge sonne
Hath in the Ram his halve cours yronne,
And smale foweles maken melodye,
That slepen al the nyght with open ye –
So priketh hem nature in hir corages –,
Thanne longen folk to goon on pilgrimages,
And palmeres for to seken straunge strondes,
To ferne halwes, kowthe in sondry londes;
And specially from every shires ende
Of Engelond to Caunterbury they wende,
The hooly blisful martir for to seke,
That hem hath holpen whan that they were seeke.
  Bifil that in that seson on a day,
In Southwerk at the Tabard as I lay
Redy to wenden on my pilgrymage
To Caunterbury with ful devout corage,
At nyght was come into that hostelrye
Wel nyne and twenty in a compaignye
Of sondry folk, by aventure yfalle
In felaweshipe, and pilgrimes were they alle,
That toward Caunterbury wolden ryde.
The chambres and the stables weren wyde,
And wel we weren esed atte beste.
And shortly, whan the sonne was to reste,
So hadde I spoken with hem everichon
That I was of hir felaweshipe anon,
And made forward erly for to ryse,
To take oure wey ther as I yow devyse.
But nathelees, whil I have tyme and space,
Er that I ferther in this tale pace,
Me thynketh it acordaunt to resoun
To telle yow al the condicioun
Of ech of hem, so as it semed me,
And whiche they weren, and of what degree,

hwan ðat aːpril° wiθ hiz ʃuːrəz soːtə°
ðə druːxt° ɔv martʃ haθ peːrsəd° toː ðə roːtə,
and baːðəd evri vain in switʃ° likuːr°
ɔv hwitʃ vertiu° indʒendrəd iz ðə fluːr;
hwan zefirus eːk° wiθ hiz sweːtə brɛːθ°
inspiːrəd haθ in evri hɔlt and hɛːθ
ðə tendrə krɔpəz, and ðə jungə sunə
haθ in ðə ram hiz halvə° kuːrs irunə,
and smaːlə° fuːləz maːkən melɔdiːə,
ðat sleːpən al ðə niːxt wiθ ɔːpən iːə –
sɔː prikəθ hem naːtiur in hir kuraːdʒəz° –,
ðan lɔngən fɔlk° toː gɔːn ɔn pilgrimaːdʒəz,
and palmərz° fɔr toː seːkən straundʒə° strɔːndəz°,
toː fernə halwəz°, kuːθ° in sundri° lɔːndəz;
and spesiali from evri ʃiːrəz endə
ɔv ingəlɔːnd° toː kauntərbri° ðai wendə,
ðə hɔːli blisful martir fɔr toː seːkə,
ðat hem haθ hɔlpən hwan ðat ðai wɛːr seːkə.
  bifil ðat in ðat sɛːzuːn° ɔn a dai,
in suːθwerk° at ðə tabard az iː lai
rɛːdi° toː wendən ɔn miː pilgrimaːdʒə
toː kauntərbri wiθ ful divuːt kuraːdʒə,
at niːxt waz kum intoː ðat hɔstəlriːə
wel niːn and twenti in a kumpainiːə
ɔv sundri fɔlk, biː avəntiur° ifalə
in felauʃip, and pilgrimz wɛːr ðai alə,
ðat toːward kauntərberi° woːldən riːdə.
ðə tʃaːmbrəz and ðə staːbləz wɛːrən wiːdə,
and wel weː wɛːrən ɛːzəd atə bestə.
and ʃɔrtli, hwan ðə sunə waz toː restə,
sɔː had iː spɔːkən wiθ hem evritʃɔːn°
ðat iː waz ɔv hir felauʃip anɔːn°,
and maːdə fɔrward ɛːrli fɔr toː riːzə,
toː taːk uːr wai ðɛːraz iː juː diviːzə.
but naðəlɛːs°, hwiːl iː hav tiːm and spaːsə,
ɛːr° ðat iː ferðər in ðis taːlə paːsə,
meː θinkəθ it akɔrdaunt toː rɛːzuːn
toː telə juː° al ðə kɔndisiuːn°
ɔv ɛːtʃ ɔv hem, sɔː az it seːməd meː,
and hwitʃ ðai wɛːrən, and ɔv hwat digreː,

And eek in what array that they were inne;
And at a knyght than wol I first bigynne.
A KNYGHT ther was, and that a worthy man,
That fro the tyme that he first bigan
To riden out, he loved chivalrie,
Trouthe and honour, fredom and curteisie.
Ful worthy was he in his lordes werre,
And therto hadde he riden, no man ferre,
As wel in cristendom as in hethenesse,
And evere honoured for his worthynesse.
At Alisaundre he was, whan it was wonne.
Ful ofte tyme he hadde the bord bigonne
Aboven alle nacions in Pruce;
In Lettow hadde he reysed and in Ruce,
No Cristen man so ofte of his degree.
In Gernade at the seege eek hadde he be
Of Algezir, and riden in Belmarye.
At Lyeys was he and at Satalye,
Whan they were wonne, and in the Grete See
At many a noble armee hadde he be.
At mortal batailles hadde he been fiftene,
And foughten for oure feith at Tramyssene
In lystes thries, and ay slayn his foo.
This ilke worthy knyght hadde been also
Somtyme with the lord of Palatye
Agayn another hethen in Turkye;
And everemoore he hadde a sovereyn prys.
And though that he were worthy, he was wys,
And of his port as meeke as is a mayde.
He nevere yet no vileynye ne sayde
In al his lyf unto no maner wight.
He was a verray, parfit, gentil knyght.
But for to tellen yow of his array,
His hors were goode, but he was nat gay.
Of fustian he wered a gypon
Al bismotered with his habergeon,
For he was late ycome from his viage,
And wente for to doon his pilgrymage.
With hym ther was his sone, a yong SQUIER,
A lovyere and a lusty bacheler,

and eːk in hwat arai ðat ðai wɛːr inə;
and at a kniːxt ðan wul° iː first biginə.
a kniːxt ðɛːr waz, and ðat a wurði man,
ðat frɔː ðə tiːmə ðat heː first bigan
toː riːdən uːt, heː luvəd tʃivalriːə,
trɔuθ° and ɔnuːr, freːdoːm° and kurtaiziːə°.
ful wurði waz heː in hiz lɔːrdəz werə,
and ðɛːrtoː had heː ridən° nɔː man ferə,
az wel in kristəndoːm az in hɛːðənesə°,
and evr ɔnuːrəd fɔr hiz wurðinesə.
at alisaundr heː waz, hwan it waz wunə.
ful ɔftə tiːm heː had ðə bɔːrd bigunə
abuvən alə naːsiuːnz in prusə°;
in letɔu had heː raizəd and in rusə°,
nɔː kristənman sɔː ɔft ɔv hiz digreː.
in gernad at ðə seːdʒ eːk had heː beː
ɔv aldʒəsiːr, and ridn in belmariːə.
at liais waz heː and at sataliːə,
hwan ðai wɛːr wun, and in ðə grɛːtə seː°
at mani a nɔːbəl armeː had heː beː.
at mɔrtal batailz had heː beːn fifteːnə,
and fɔuxtən° fɔr uːr faiθ at tramiseːnə
in listəz θriːəz°, and ai slain hiz fɔː.
ðis ilkə wurði kniːxt had beːn alsɔː
sumtiːmə wiθ ðə lɔːrd ɔv palatiːə
again anoːðər° hɛːðən in turkiːə;
and evərmɔːr heː had a sɔvrain priːs°.
and ðɔux ðat heː wɛːr wurði, heː waz wiːs°,
and ɔv hiz pɔrt az meːk az iz a maidə.
heː nevər jet nɔː vilainiː nə saidə
in al hiz liːf untoː nɔː manər wiːxt.
heː waz a verai, parfit°, dʒentil kniːxt.
but fɔr toː telən juː ɔv hiz arai,
hiz hɔrs wɛːr goːdə°, but heː waz nat gai.
ɔv fustian heː wɛːrəd a dʒipuːn
al bismɔtərd wiθ hiz habərdʒuːn,
fɔr heː waz laːt ikum frɔm hiz viaːdʒə,
and wentə fɔr toː doːn hiz pilgrimaːdʒə.
wiθ him ðɛːr waz hiz sun, a jung skwiːer,
a luvjər° and a lusti batʃəler°,

With lokkes crulle as they were leyd in presse.
Of twenty yeer of age he was, I gesse.
Of his stature he was of evene lengthe,
And wonderly delyvere and of greet strengthe.
And he hadde been somtyme in chyvachie
In Flaundres, in Artoys, and Pycardie,
And born hym weel, as of so litel space,
In hope to stonden in his lady grace.
Embrouded was he, as it were a meede
Al ful of fresshe floures, whyte and reede.
Syngynge he was, or floytynge, al the day;
He was as fressh as is the month of may.
Short was his gowne, with sleves longe and wyde.
Wel koude he sitte on hors and faire ryde.
He koude songes make and wel endite,
Juste and eek daunce, and weel purtreye and write.
So hoote he lovede that by nyghtertale
He slepte namoore than dooth a nyghtyngale.
Curteis he was, lowely, and servysable,
And carf biforn his fader at the table.
  A YEMAN hadde he and servantz namo
At that tyme, for hym liste ride so,
And he was clad in cote and hood of grene.
A sheef of pecok arwes, bright and kene,
Under his belt he bar ful thriftily –
Wel koude he dresse his takel yemanly;
His arwes drouped noght with fetheres lowe –
And in his hand he baar a myghty bowe.
A not heed hadde he, with a broun visage.
Of wodecraft wel koude he al the usage.
Upon his arm he baar a gay bracer,
And by his syde a swerd and a bokeler,
And on that oother syde a gay daggere
Harneised wel and sharp as point of spere;
A Cristopher on his brest of silver sheene.
An horn he bar, the bawdryk was of grene;
A forster was he, soothly, as I gesse.

  Ther was also a nonne, a PRIORESSE,
That of hir smylyng was ful symple and coy.
Hire gretteste ooth was but by Seinte Loy;

wiθ lɔkəz krul az ðai wɛːr laid in presə.
ɔv twenti jeːr ɔv aːdʒ heː waz, iː gesə.
ɔv hiz statiur heː waz ɔv eːvən lengθə°,
and wundərli dilivr and ɔv grɛːt strengθə°.
and heː had beːn sumtiːm in tʃivatʃiːə°
in flaundrəz, in artɔis and pikardiːə,
and bɔːrn him weːl°, az ɔv sɔː litəl spaːsə,
in hɔːp toː stɔːndən in hiz laːdi graːsə.
imbruːdəd° waz heː, az it wɛːr a mɛːdə
al ful ɔv freʃə fluːrəz hwiːt and rɛːdə°.
singing heː waz, ɔr flɔiting, al ðə dai;
heː waz az freʃ az iz ðə munθ ɔv mai.
ʃɔrt waz hiz guːn, wiθ sleːvəz lɔng and wiːdə.
wel kuːd heː sit ɔn hɔrs and fairə riːdə.
heː kuːdə° sɔngəz maːk and wel indiːtə°,
dʒuːst° and eːk dauns, and weːl purtrai and wriːtə.
sɔː hɔːt° heː luvəd ðat biː niːxtərtaːlə
heː slept namɔːr ðan doːθ a niːxtingaːlə.
kurtais heː waz, lɔuli, and servisaːblə,
and karf bifɔːrn hiz fadər° at ðə taːblə.
a jeːman had heː and servants namɔː
at ðat tiːm, fɔr him list riːdə sɔː,
and heː waz klad in kɔːt and hoːd ɔv greːnə.
a ʃɛːf ɔv pɛːkɔk arwəz, briːxt and keːnə,
undər hiz belt heː bar° ful θriftili –
wel kuːd heː dres hiz takəl jemanli;
hiz arwəz druːpəd nɔuxt wiθ feðrəz lɔuə –
and in hiz hand heː baːr a miːxti bɔuə.
a nɔt hɛːd had heː, wiθ a bruːn vizaːdʒə.
ɔv wudəkraft° wel kuːd heː al ðiuzaːdʒə.
upɔn hiz arm heː baːr a gai braːser,
and biː hiz siːd a swɛːrd and a bukler,
and ɔn ðat oːðər siːd a gai dageːrə
harnaisɔd wel and ʃarp az pɔint ɔv speːrə;
a kristɔfr ɔn hiz brest ɔv silvər ʃeːnə°.
an hɔːrn heː baːr, ðə baudrik waz ɔv greːnə;
a fɔrstər waz heː, soːθli, az iː gesə.
ðɛːr waz alsɔː a nun, a priːɔresə,
ðat ɔv hir smiːling waz ful simpl and kɔi.
hir gretəst° ɔːθ waz but biː saint lɔi;

And she was cleped Madame Eglentyne.
Ful weel she soong the service dyvyne,
Entuned in hir nose ful semely,
And Frenssh she spak ful faire and fetisly,
After the scole of Stratford atte Bowe,
For Frenssh of Parys was to hire unknowe.
At mete wel ytaught was she with alle;
She leet no morsel from hir lippes falle,
Ne wette hir fyngres in hir sauce depe.
Wel koude she carie a morsel and wel kepe
That no drope ne fille upon hire brest.
In curteisie was set ful muchel hir lest.
Hir over-lippe wyped she so clene
That in hir coppe ther was no ferthyng sene
Of grece, whan she dronken hadde hir draughte.
Ful semely after hir mete she raughte.
And sikerly she was of greet desport,
And ful plesaunt, and amyable of port,
And peyned hire to countrefete cheere
Of court, and to been estatlich of manere,
And to ben holden digne of reverence.
But for to speken of hire conscience,
She was so charitable and so pitous
She wolde wepe, if that she saugh a mous
Caught in a trappe, if it were deed or bledde.
Of smale houndes hadde she that she fedde
With rosted flessh, or milk and wastel-breed.
But soore wepte she if oon of hem were deed,
Or if men smoot it with a yerde smerte;
And al was conscience and tendre herte.
Ful semyly hir wympul pynched was,
Hir nose tretys, hir eyen greye as glas,
Hir mouth ful smal, and therto softe and reed.
But sikerly she hadde a fair forheed;
It was almoost a spanne brood, I trowe;
For, hardily, she was nat undergrowe.
Ful fetys was hir cloke, as I was war.
Of smal coral aboute hire arm she bar
A peire of bedes, gauded al with grene,
And theron heng a brooch of gold ful sheene,

and ʃeː waz klɛːpəd madam egləntiːnə.
ful weːl ʃeː sɔːng° ðə servisə diviːnə,
intiunəd in hir nɔːz ful seːməli,
and frenʃ ʃeː spak° ful fair and fɛːtisli,
aftər ðə skoːl ɔv stratfɔrd atə° bɔuə,
fɔr frenʃ ɔv paris waz toː hir unknɔuə.
at mɛːtə wel itauxt waz ʃeː wiðalə;
ʃeː leːt° nɔː mɔrsəl frɔm hir lipəz falə,
nə wet hir fingrəz in hir sausə deːpə.
wel kuːd ʃeː kari a mɔrsəl and wel keːpə
ðat nɔː drɔːp° nə fil upɔn hir brest.
in kurtaiziː waz set ful mutʃl hir lest°.
hir ɔːvər lipə wiːpəd ʃeː sɔː kleːnə°
ðat in hir kup ðɛːr waz nɔː ferðing seːnə
ɔv grɛːsə, hwan ʃeː drunkən had hir drauxtə.
ful seːməli aftər hir mɛːt ʃeː rauxtə.
and sikərli ʃeː waz ɔv grɛːt dispɔrt,
and ful plɛːzaunt, and aːmiaːbl ɔv pɔrt,
and painəd hir toː kuːntrəfɛːtə tʃeːrə
ɔv kuːrt, and toː beːn istaːtlitʃ ɔv maneːrə,
and toː beːn hɔːldən diːn ɔv revərensə.
but, fɔr toː spɛːkən ɔv hir kɔnsiensə,
ʃeː waz sɔː tʃaritaːbl and sɔː pituːs
ʃeː woːldə weːp, if ðat ʃeː saux a muːs
kauxt in a trap, if it wɛːr dɛːd° ɔr bledə.
ɔv smaːlə° huːndəz had ʃeː ðat ʃeː fedə
wiθ rɔːstəd fleʃ, ɔr milk and wastəl brɛːd.
but sɔːr wept ʃeː if ani ɔv hem wɛːr dɛːd,
ɔr if men smɔːt it wiθ a jerdə smertə;
and al waz kɔnsiens and tendrə hertə.
ful seːmiliᵕ hir wimpəl pintʃəd was°,
hir nɔːz trɛːtis, hir iːən grai az glas,
hir muːθ ful smal, and ðɛːrtoː sɔft and rɛːd.
but sikərli ʃeː had a fair fɔrhɛːd;
it waz almɔːst a spanə brɔːd iː trɔuə;
fɔr, hardili, ʃeː waz nat undərgrɔuə.
ful fɛːtis waz hir klɔːk, az iː waz waːr.
ɔv smal kɔral abuːt hir arm ʃeː baːr
a pair ɔv bɛːdəz, gaudəd al wiθ greːnə,
and ðɛːrɔn heːng a brɔːtʃ ɔv goːld° ful ʃeːnə,

On which ther was first write a crowned A,
And after *Amor vincit omnia.*
  Another NONNE with hire hadde she,
That was hir chapeleyne, and preestes thre.
  A MONK ther was, a fair for the maistrie,
An outridere, that lovede venerie,
A manly man, to been an abbot able.
Ful many a deyntee hors hadde he in stable;
And whan he rood, men myghte his brydel heere
Gynglen in a whistlynge wynd als cleere
And eek as loude as dooth the chapel belle,
Ther as this lord was kepere of the celle.
The reule of Seint Maure or of Seint Beneit,
By cause that it was old and somdel streit,

This ilke monk leet olde thynges pace
And heeld after the newe world the space.
He yaf nat of that text a pulled hen
That seith that hunters beth nat hooly men,
Ne that a monk, whan he is recchelees,
Is likned til a fissh that is waterlees –
This is to seyn, a monk out of his cloystre.
But thilke text heeld he nat worth an oystre;
And I seyde his opinion was good.
What sholde he studie and make hymselven wood,
Upon a book in cloystre alwey to poure,
Or swynken with his handes, and laboure,
As Austyn bit? How shal the world be served?
Lat Austyn have his swynk to hym reserved!
Therfore he was a prikasour aright.
Grehoundes he hadde as swift as fowel in flight;
Of prikyng and of huntyng for the hare
Was al his lust, for no cost wolde he spare.
I seigh his sleves ypurfiled at the hond
With grys, and that the fyneste of a lond;
And for to festne his hood under his chyn,
He hadde of gold ywroght a ful curious pyn;
A love-knotte in the gretter ende ther was.
His heed was balled, that shoon as any glas,
And eek his face, as it hadde been enoynt.
He was a lord ful fat and in good poynt;

ɔn hwitʃ ðɛːr waz first writ a kruːnəd aː,
and aftər, aːmɔr vinsit ɔmniaː.
anoːðər nunə wiθ hir hadə ʃeː,
ðat waz hir tʃapəlain, and preːstəz θreː.
a munk ðɛːr waz, a fair fɔr ðə maistriːə,
an uːtriːdər, ðat luvəd venəriːə,
a manli man, toː beːn an abɔt aːblə.
ful mani a dainteː hɔrs had heː in staːblə;
and, hwan heː rɔːd, men miːxt hiz briːdəl heːrə
dʒinglən in a hwistling wind alz kleːrə
and eːk az luːd az doːθ ðə tʃapəl belə,
ðɛːraz ðis lɔːrd waz keːpər ɔv ðə selə.
ðə riul ɔv saint maur ɔr ɔv saint benait,
bikauz ðat it waz ɔːld and sumdɛːl strait,
ðis ilkə munk leːt ɔːldə θingəz paːsə
and heːld° aftər ðə niuə wurld ðə spaːsə.
heː jaf° nat ɔv ðat tekst a puləd hen
ðat saiθ ðat huntərz beːθ nat hɔːli men,
nə ðat a munk, hwan heː iz retʃəlɛːs,
iz liːknəd til a fiʃ ðats° watərlɛːs –
ðis iz toː sain, a munk uːt ɔv hiz klɔistrə.
but θilkə tekst heːld heː nat wurθ an ɔistrə;
and iː said hiz ɔpiniuːn waz goːd.
hwat ʃoːld heː studi and maːk himselvən woːd,
upɔn a boːk in klɔistr alwai toː puːrə,
ɔr swinkən wiθ hiz handəz, and laːbuːrə,
az austin bit? huː ʃal ðə wurld beː servəd?
lat austin hav hiz swink toː him rizervəd.
ðɛːrfɔr heː waz a prikasuːr ariːxt.
greːhuːndz heː had az swift az fuːl in fliːxt;
ɔv priking and ɔv hunting fɔr ðə haːrə
waz al hiz lust, fɔr noː kɔst woːld heː spaːrə.
iː saix hiz sleːvz ipurfild at ðə hɔːnd
wiθ gris, and ðat ðə fiːnəst ɔv a lɔːnd;
and fɔr toː festn hiz hoːd undər hiz tʃin,
heː had ɔv goːld iwrɔuxt a ful kiuriuːs pin;
a luv knɔt in ðə gretər end ðɛːr was°.
hiz hɛːd waz bald, ðat ʃɔːn az ani glas°,
and eːk hiz faːs, az it had beːn inɔint.
heː waz a lɔːrd ful fat and in goːd pɔint;

His eyen stepe, and rollynge in his heed,
That stemed as a forneys of a leed;
His bootes souple, his hors in greet estaat.
Now certeinly he was a fair prelaat;
He was nat pale as a forpyned goost.
A fat swan loved he best of any roost.
His palfrey was as broun as is a berye.
  A FRERE ther was, a wantowne and a merye,
A lymytour, a ful solempne man.
In alle the ordres foure is noon that kan
So muchel of daliaunce and fair langage.
He hadde maad ful many a mariage
Of yonge wommen at his owene cost.
Unto his ordre he was a noble post.
And wel biloved and famulier was he
With frankeleyns over al in his contree,
And eek with worthy wommen of the toun;
For he hadde power of confessioun,
As seyde hymself, moore than a curat,
For of his ordre he was licenciat.
Ful swetely herde he confessioun,
And plesaunt was his absolucioun.
He was an esy man to yeve penaunce,
Ther as he wiste to have a good pitaunce.
For unto a povre ordre for to yive
Is signe that a man is wel yshryve;
For if he yaf, he dorste make avaunt,
He wiste that a man was repentaunt.
For many a man so hard is of his herte,
He may nat wepe, althogh hym soore smerte.
Therfore in stede of wepynge and preyeres
Men moote yeve silver to the povre freres.
His typet was ay farsed ful of knyves
And pynnes, for to yeven yonge wyves.
And certeinly he hadde a murye note;
Wel koude he synge and pleyen on a rote.
Of yeddynges he baar outrely the pris.
His nekke whit was as the flour-de-lys;
Therto he strong was as a champioun.
He knew the tavernes wel in al the toun

hiz iːən steːp and rɔling in hiz hɛːd,
ðat stɛːməd az a furnais ɔv a lɛːd;
hiz boːtəz suːpl°, hiz hɔrs in grɛːt istaːt°.
nuː sertainli heː waz a fair prelaːt;
heː naz nat paːl az a fɔrpiːnəd gɔːst.
a fat swan luvd heː best ɔv ani rɔːst.
hiz palfrai waz az bruːn az iz a beri.
  a freːr° ðɛːr waz, a wantɔun° and a meri,
a limituːr, a ful sɔlempnə man.
ɪn alə ðordrəz fuːr iz nɔːn ðat kan
sɔː mutʃl ɔv daliauns and fair langaːdʒə.
heː hadə maːd ful mani a mariaːdʒə
ɔv jungə wumən° at hiz ɔunə kɔst.
untoː hiz ɔrdr heː waz a nɔːblə pɔst°.
and wel biluvd and famulier° waz heː
wiθ frankəlainz ɔːvral in hiz kuntreː,
and eːk wiθ wurði wumən ɔv ðə tuːn;
fɔr heː had puːər ɔv kɔnfesiuːn,
az saidə himself, mɔːr ðan a kiuraːt,
fɔr ɔv hiz ɔrdr heː waz liːsensiaːt.
ful sweːtəli hɛːrd heː kɔnfesiuːn,
and plɛːzaunt° waz hiz absɔliusiuːn.
heː waz an ɛːzi man toː jev penaunsə,
ðɛːraz heː wist toː hav a goːd pitaunsə.
fɔr untoː a poːvr° ɔrdr fɔr toː jivə
iz siːnə ðat a man iz wel iʃrivə;
fɔr if heː jaf, heː dɔrstə maːk avaunt,
heː wistə ðat a man waz repentaunt.
fɔr mani a man sɔː hard iz ɔv hiz hertə,
heː mai nat weːp, alðɔux him sɔːrə° smertə.
ðɛːrfɔr instɛːd ɔv weːping and praieːrəz
men moːt jev silvər toː ðə poːvrə freːrəz.
hiz tipət waz ai farsəd ful ɔv kniːvəz
and pinəz, fɔr toː jevən jungə wiːvəz.
and sertainli heː had a miri° nɔːtə;
wel kuːd heː sing and plaiən ɔn a rɔːtə.
ɔv jedingz heː baːr uːtrəli ðə priːs.
hiz nekə hwiːt waz az ðə fluːr də liːs;
ðɛːrtoː heː strɔng waz az a tʃampiuːn.
heː kniu ðə tavərnz wel in al ðə tuːn

And everich hostiler and tappestere
Bet than a lazar or a beggestere;
For unto swich a worthy man as he
Acorded nat, as by his facultee,
To have with sike lazars aqueyntaunce.
It is nat honeste, it may nat avaunce,
For to deelen with no swich poraille,
But al with riche and selleres of vitaille.
And over al, ther as profit sholde arise,
Curteis he was and lowely of servyse.
Ther nas no man nowher so vertuous.
He was the beste beggere in his hous;
For thogh a wydwe hadde noght a sho,
So plesaunt was his *"In principio"*,
Yet wolde he have a ferthing er he wente.
His purchas was wel bettre than his rente.
And rage he koude, as it were right a whelpe.
In love-dayes ther koude he muchel helpe,
For ther he was nat lyk a cloysterer
With a thredbare cope, as is a povre scoler,
But he was lyk a maister or a pope.
Of double worstede was his semycope,
That rounded as a belle out of the presse.
Somwhat he lipsed, for his wantownesse,
To make his Englissh sweete upon his tonge;
And in his harpyng, whan that he hadde songe,
His eyen twynkled in his heed aryght,
As doon the sterres in the frosty nyght.
This worthy lymytour was cleped Huberd.
  A MARCHANT was ther with a forked berd,
In mottelee, and hye on horse he sat;
Upon his heed a Flaundryssh bevere hat,
His bootes clasped faire and fetisly.
His resons he spak ful solempnely,
Sownynge alwey th' encrees of his wynnyng.
He wolde the see were kept for any thyng
Bitwixe Middelburgh and Orewelle.
Wel koude he in eschaunge sheeldes selle.
This worthy man ful wel his wit bisette;
Ther wiste no wight that he was in dette,

and evritʃ hɔstiler and tapəsteːrə
bet ðan a lazar ɔr a begəsteːrə;
fɔr untoː switʃ a wurði man az heː
akɔrdəd nat, az biː hiz fakulteː,
toː hav wiθ sikə° lazarz akwaintaunsə.
it iz nat ɔnəst, it mai nat avaunsə,
fɔr toː dɛːlən wiθ nɔː switʃ pɔrailə,
but al wiθ ritʃ, and selərz ɔv vitailə.
and ɔːvral, ðɛːraz prɔfit ʃoːld ariːzə,
kurtais heː waz and lɔuli° ɔv serviːsə°.
ðɛːr naz nɔː man nɔːhwɛːr sɔː vertiuuːs.
heː waz ðə bestə begər in hiz huːs;
fɔr ðɔux a widwə hadə nɔuxt a ʃoː,
sɔː plɛːzaunt waz hiz in prinsipioː,
jet woːld heː hav a ferðing ɛːr heː wentə.
hiz purtʃas waz wel betrə ðan hiz rentə.
and raːdʒ heː kuːd, az it wɛːr riːxt a hwelpə.
in luvədaiz ðɛːr kuːd heː mutʃəl helpə,
fɔr ðɛːr heː waz nat liːk a klɔistərer
wiθ a θrɛːdbaːr kɔːp, az iz a poːvr skɔler,
but heː waz liːk a maistər ɔr a pɔːpə.
ɔv duːblə wursted waz hiz semikɔːpə,
ðat ruːndəd az a bel uːt ɔv ðə presə.
sumhwat heː lipsəd, fɔr hiz wantɔunnesə,
toː maːk hiz ingliʃ sweːt upɔn hiz tungə;
and in hiz harping, hwan ðat heː had sungə,
hiz iːən twinkləd in hiz hɛːd ariːxt,
az doːn ðə sterəz in ðə frɔsti niːxt.
ðis wurði limituːr waz klept hiubeːrd.
a martʃant waz ðɛːr wiθ a fɔrkəd beːrd,
in mɔtəleː, and hiː ɔn hɔrs heː sat;
upɔn hiz hɛːd a flaundriʃ bɛːvər hat,
hiz boːtəz klaspəd fair and fɛːtisli.
hiz rɛːzuːnz heː spak ful sɔlempnəli,
suːning alwai ðinkrɛːs ɔv hiz wining.
heː woːld ðə sɛː wɛːr kept fɔr aniθing
bitwiksə midəlburx and ɔrəwelə.
wel kuːd heː in istʃaundʒə ʃeːldəz selə.
ðis wurði man ful wel hiz wit bisetə;
ðɛːr wistə nɔː wiːxt ðat heː waz in detə,

So estatly was he of his governaunce
With his bargaynes and with his chevyssaunce.
For sothe he was a worthy man with alle,
But, sooth to seyn, I noot how men hym calle.

A CLERK ther was of Oxenford also,
That unto logyk hadde longe ygo.
As leene was his hors as is a rake,
And he nas nat right fat, I undertake,
But looked holwe, and therto sobrely.
Ful thredbare was his overeste courtepy,
For he hadde geten hym yet no benefice,
Ne was so worldly for to have office.
For hym was levere have at his beddes heed
Twenty bookes, clad in blak or reed,
Of Aristotle and his philosophie,
Than robes riche, or fithele, or gay sautrie.
But al be that he was a philosophre,
Yet hadde he but litel gold in cofre;
But al that he myghte of his freendes hente,
On bookes and on lernynge he it spente,
And bisily gan for the soules preye
Of hem that yaf hym wherwith to scoleye.
Of studie took he moost cure and moost heede,
Noght o word spak he moore than was neede,
And that was seyd in forme and reverence,
And short and quyk and ful of hy sentence;
Sownynge in moral vertu was his speche,
And gladly wolde he lerne and gladly teche.

A SERGEANT OF THE LAWE, war and wys,
That often hadde been at the Parvys,
Ther was also, ful riche of excellence.
Discreet he was and of greet reverence –
He semed swich, his wordes weren so wise.
Justice he was ful often in assise,
By patente and by pleyn commissioun.
For his science and for his heigh renoun,
Of fees and robes hadde he many oon.
So greet a purchasour was nowher noon:
Al was fee symple to hym in effect;
His purchasyng myghte nat been infect.

sɔː istaːtli waz heː ɔv hiz guvərnaunsə
wiθ hiz bargainz and wiθ hiz tʃevisaunsə.
fɔr soːθ heː waz a wurði man wiθ alə,
but, soːθ toː sain, iː nɔːt huː men him kalə.
a klerk ðɛːr waz ɔv ɔksənfɔrd alsɔː,
ðat untoː lɔdʒik hadə lɔng igɔː.
az lɛːnə waz hiz hɔrs az iz a raːkə,
and heː naz nat riːxt fat, iː undərtaːkə,
but loːkəd hɔlw and ðɛːrtoː sɔːbrəli.
ful θrɛːdbaːr waz hiz ɔːvrəst kuːrtəpi,
fɔr heː had getn him jet nɔː benəfisə,
nə waz sɔː wurldli fɔr toː hav ɔfisə.
fɔr him waz leːvr hav at hiz bedəz hɛːd
twenti boːkəz, klad in blak ɔr rɛːd,
ɔv aristɔtl and hiz filɔsɔfiːə°,
ðan rɔːbəz ritʃ, ɔr fiðl, ɔr gai sautriːə.
but al beː ðat heː waz a filɔsɔfrə,
jet hadə heː but litl goːld in kɔfrə;
but al ðat heː miːxt ɔv hiz freːndəz° hentə,
ɔn boːkəz and ɔn lɛːrning heː it spentə,
and bizili gan fɔr ðə sɔuləz praiə
ɔv hem ðat jaf him hwɛːrwiθ toː skɔlaiə.
ɔv studi toːk heː mɔːst kiur and mɔːst heːdə,
nɔuxt ɔː wurd spak heː mɔːrə ðan waz neːdə,
and ðat waz said in fɔrm and revərensə,
and ʃɔrt and kwik and ful ɔv hiː° sentensə;
suːning in mɔral vertiu waz hiz spɛːtʃə°,
and gladli woːld heː lɛːrn and gladli tɛːtʃə.
a serdʒant ɔv ðə lauə, war and wiːs°,
ðat ɔftən hadə beːn at ðə parviːs,
ðɛːr waz alsɔː, ful ritʃ ɔv eksəlensə.
diskreːt heː waz and ɔv grɛːt revərensə –
heː seːməd switʃ, hiz wurdəz wɛːrn sɔː wiːzə.
dʒustis heː waz ful ɔftən in asiːzə,
biː patənt and biː plain kɔmisiuːn.
fɔr hiz siːens and fɔr hiz hiːx rinuːn,
ɔv feːz and rɔːbəz had heː mani ɔːn.
sɔː grɛːt a purtʃasuːr waz nɔːhwɛːr nɔːn:
al waz feː simplə toː him in ifekt;
hiz purtʃasing miːxt nat beːn infekt.

Nowher so bisy a man as he ther nas,
And yet he semed bisier than he was.
In termes hadde he caas and doomes alle
That from the tyme of Kyng William were falle.
Therto he koude endite and make a thyng,
Ther koude no wight pynche at his writyng;
And every statut koude he pleyn by rote.
He rood but hoomly in a medlee cote,
Girt with a ceint of silk, with barres smale;
Of his array telle I no lenger tale.
  A FRANKELEYN was in his compaignye;
Whit was his heed as is the dayesye.
Of his complexioun he was sangwyn.
Wel loved he by the morwe a sop in wyn;
To lyven in delit was evere his wone,
For he was Epicurus owene sone,
That heeld opinioun that pleyn delit
Was verray felicitee parfit.
An housholdere, and that a greet, was he;
Seint Julian he was in his contree.
His breed, his ale, was alweys after oon;
A bettre envyned man was nowher noon.
Withoute bake mete was nevere his hous
Of fissh and flessh, and that so plentevous,
It snewed in his hous of mete and drynke,
Of alle deyntees that men koude thynke.
After the sondry sesons of the yeer,
So chaunged he his mete and his soper.
Ful many a fat partrich hadde he in muwe,
And many a breem and many a luce in stuwe.
Wo was his cook but if his sauce were
Poynaunt and sharp, and redy al his geere.
His table dormant in his halle alway
Stood redy covered al the longe day.
At sessiouns ther was he lord and sire;
Ful ofte tyme he was knyght of the shire.
An anlaas and a gipser al of silk
Heeng at his girdel, whit as morne milk.
A shirreve hadde he been, and a contour.
Was nowher swich a worthy vavasour.

nɔːhwɛːr sɔː bizi a man az heː ðɛːr naz,
and jet heː seːməd biziər ðan heː waz.
ɪn terməz had heː kaːs and doːməz alə
ðat frɔm ðə tiːm ɔv king wiliam wɛːr falə.
ðɛːrtoː heː kuːd indiːt and maːk a θing,
ðɛːr kuːdə nɔː wiːxt pintʃ at hiz wriːting;
and evri statiut kuːd heː plain biː rɔːtə.
heː rɔːd but hɔːmli in a medleː kɔːtə,
girt wiθ a saint ɔv silk, wiθ barəz smaːlə;
ɔv hiz arai tel iː nɔː lengər taːlə.
  a frankəlain waz in hiz kumpainiːə;
hwiːt waz hiz hɛːd az iz a daiəziːə.
ɔv hiz kɔmpleksiuːn heː waz sangwiːn.
wel luvd heː biː ðə mɔrw a sɔp in wiːn;
toː livən in diliːt waz evr hiz wunə,
fɔr heː waz epikiurus ɔunə sunə,
ðat heːld ɔpiniuːn ðat plain diliːt
waz verai felisiteː parfiːt.
an huːshɔːldər, and ðat a grɛːt, waz heː;
saint dʒulian waz heː in hiz kuntreː.
hiz brɛːd, hiz aːl, waz alwaiz aftər ɔːn;
a betr inviːnəd man waz nɔːhwɛːr nɔːn.
wiðuːtə baːkə mɛːt waz nevr hiz huːs
ɔv fiʃ and fleʃ, and ðat sɔː plentəvuːs,
it sniuəd° in hiz huːs ɔv mɛːt and drinkə,
ɔv alə dainteːz ðat men kuːdə θinkə.
aftər ðə sundri sɛːzuːnz ɔv ðə jeːr,
sɔː tʃaundʒəd heː hiz mɛːt and hiz supeːr.
ful mani a fat partritʃ had heː in miuə,
and mani a brɛːm and mani a lius in stiuə.
wɔː waz hiz koːk but if hiz sausə wɛːrə
pɔinaunt and ʃarp, and rɛːdi° al hiz gɛːrə°.
hiz taːblə dɔrmant in hiz hal alwai
stoːd rɛːdi kuvərd al ðə lɔngə dai.
at sesiuːnz ðɛːr waz heː lɔːrd and siːrə;
ful ɔftə tiːm heː waz kniːxt ɔv ðə ʃiːrə.
an anlaːs and a dʒipsər al ɔv silk
heːng° at hiz girdəl, hwiːt az mɔrnə milk.
a ʃirreːv° had heː beːn and a kuːntuːr.
waz nɔːhwɛːr switʃ a wurði vavasuːr.

An HABERDASSHERE and a CARPENTER,
A WEBBE, a DYERE, and a TAPYCER –
And they were clothed alle in o lyveree
Of a solempne and a greet fraternitee.
Ful fressh and newe hir geere apiked was;
Hir knyves were chaped noght with bras
But al with silver; wroght ful clene and weel
Hire girdles and hir pouches everydeel.
Wel semed ech of hem a fair burgeys
To sitten in a yeldehalle on a deys.
Everich, for the wisdom that he kan,
Was shaply for to been an alderman.
For catel hadde they ynogh and rente,
And eek hir wyves wolde it wel assente;
And elles certeyn were they to blame.
It is ful fair to been ycleped "Madame",
And goon to vigilies al bifore,
And have a mantel roialliche ybore.

A COOK they hadde with hem for the nones
To boille the chiknes with the marybones,
And poudre-marchant tart and galyngale.
Wel koude he knowe a draughte of Londoun ale.
He koude rooste, and sethe, and broille, and frye,
Maken mortreux, and wel bake a pye.
But greet harm was it, as it thoughte me,
That on his shyne a mormal hadde he.
For blankmanger, that made he with the beste.
A SHIPMAN was ther, wonynge fer by weste;
For aught I woot, he was of Dertemouthe.
He rood upon a rouncy, as he kouthe,
In a gowne of faldyng to the knee.
A daggere hangynge on a laas hadde he
Aboute his nekke, under his arm adoun.
The hoote somer hadde maad his hewe al broun;
And certeinly he was a good felawe.
Ful many a draughte of wyn had he ydrawe
Fro Burdeuxward, whil that the chapman sleep.
Of nyce conscience took he no keep.
If that he faught and hadde the hyer hond,
By water he sente hem hoom to every lond.

an habərdaʃər and a karpənter,
a web, a diːər, and a tapiser –
and ðai wɛːr klɔːðəd al in ɔː livreː
ɔv a sɔlempn and grɛːt fraterniteː.
ful freʃ and niu hir geːr apikəd was;
hir kniːvəz wɛːrə tʃaːpəd nɔuxt wiθ bras
but al wiθ silvər; wrɔuxt ful klɛːn and weːl
hir girdəlz and hir puːtʃəz evrideːl.
wel seːməd ɛːtʃ ɔv hem a fair burdʒais°
toː sitən in a jeldhal ɔn a dais.
evəritʃ, fɔr ðə wizdum ðat heː kan,
waz ʃaːpli fɔr toː beːn an aldərman.
fɔr katəl hadə ðai inuːx and rentə,
and eːk hir wiːvəz woːld it wel asentə,
and eləz sertain wɛːrə ðai toː blaːmə.
ɪt iz ful fair toː beːn iklept madaːmə,
and gɔːn toː vidʒiliːəz al bifɔːrə,
and hav a mantəl rɔialitʃ ibɔːrə.
a koːk ðai hadə wiθ hem fɔr ðə nɔːnəz
toː bɔil ðə tʃikənz wiθ ðə maribɔːnəz,
and puːdrə martʃant tart, and galingaːlə.
wel kuːd heː knɔu a drauxt ɔv lunduːn aːlə.
heː kuːdə rɔːst, and seːð, and brɔil, and friːə,
maːkən mɔrtrius and wel baːk a piːə.
but grɛːt harm waz it, az it θɔuxtə meː,
ðat ɔn hiz ʃin° a mɔrmal hadə heː.
fɔr blankmandʒer, ðat maːd heː wiθ ðə bestə.
a ʃipman waz ðɛːr, wuning fer biː westə;
fɔr auxt iː wɔːt, heː waz ɔv dertəmuːðə.
heː rɔːd upɔn a ruːnsi, az heː kuːðə°,
in a guːn ɔv falding toː ðə kneː.
a dagər hanging ɔn a laːs had heː
abuːt hiz nek, undər hiz arm aduːn.
ðə hɔːtə sumr had maːd hiz hiu al bruːn;
and sertainli heː waz a goːd felauə.
ful mani a drauxt ɔv wiːn had heː idrauə
frɔː burdiusward, hwiːl ðat ðə tʃapman sleːp.
ɔv niːsə kɔnsiens toːk heː nɔː keːp.
if ðat heː fauxt and had ðə hiːər hɔːnd,
biː watr heː sent hem hɔːm toː evri lɔːnd.

But of his craft to rekene wel his tydes,
His stremes, and his daungers hym bisides,
His herberwe, and his moone, his lodemenage,
Ther nas noon swich from Hulle to Cartage.
Hardy he was and wys to undertake;
With many a tempest hadde his berd been shake.
He knew alle the havenes, as they were,
Fro Gootlond to the Cape of Fynystere,
And every cryke in Britaigne and in Spayne.
His barge ycleped was the Maudelayne.
With us ther was a DOCTOUR OF PHISIK;
In al this world ne was ther noon hym lik,
To speke of phisik and of surgerye,
For he was grounded in astronomye.
He kepte his pacient a ful greet deel
In houres by his magyk natureel.
Wel koude he fortunen the ascendent
Of his ymages for his pacient.
He knew the cause of everich maladye,

Were it of hoot, or coold, or moyste, or drye,
And where they engendred, and of what humour.
He was a verray, parfit praktisour:
The cause yknowe, and of his harm the roote,
Anon he yaf the sike man his boote.
Ful redy hadde he his apothecaries
To sende hym drogges and his letuaries,
For ech of hem made oother for to wynne;
Hir frendshipe nas nat newe to bigynne.
Wel knew he the olde Esculapius,
And Deyscorides, and eek Rufus,
Olde Ypocras, Haly, and Galyen,
Serapion, Razis, and Avycen,
Averrois, Damascien, and Constantyn,
Bernard, and Gatesden, and Gilbertyn.
Of his diete mesurable was he,
For it was of no superfluitee,
But of greet norissyng and digestible.
His studie was but litel on the Bible.
In sangwyn and in pers he clad was al,
Lyned with taffata and with sendal;

but ɔv hiz kraft toː rekən wel hiz tiːdəz,
hiz strɛːməz, and hiz daundʒərz him bisiːdəz,
hiz herberw, and hiz moːn, hiz lɔːdmənaːdʒə,
ðɛːr naz nɔːn switʃ frɔm hulə toː kartaːdʒə.
hardi heː waz and wiːs toː undərtaːkə;
wiθ mani a tempəst had hiz beːrd beːn ʃaːkə.
heː kniu al ðə haːvənz, az ðai wɛːrə,
frɔː goːtlɔːnd° toː ðə kap ɔv finistɛːrə,
and evri krik in britain and in spainə.
hiz bardʒ iklɛːpəd waz ðə maudəlainə.
  wiθ us ðɛːr waz a dɔktuːr ɔv fiziːk°;
in al ðə wurld nə waz ðɛːr nɔːn him liːk,
toː spɛːk ɔv fizik and ɔv surdʒəriːə,
fɔr heː waz gruːndəd in astrɔnɔmiːə.
heː kept hiz paːsient a ful grɛːt dɛːl
in uːrəz biː hiz madʒik natiurɛːl.
wel kuːd heː fɔrtiunən ðə° asəndent
ɔv hiz imaːdʒəz fɔr hiz paːsient.
heː kniu ðə kauz ɔv evritʃ maladiːə,
wɛːr it ɔv hɔːt, ɔr kɔːld, ɔr mɔist, ɔr driːə,
and hwɛːr ðai indʒendrəd, and ɔv hwat hiumuːr.
heː waz a verai, parfit praktisuːr:
ðə kauz iknɔu, and ɔv ðə harm ðə roːtə,
anɔːn heː jaf ðə sikə man hiz boːtə.
ful rɛːdi had heː hiz apɔθəkariz
toː send him drugəz and hiz letiuariz,
fɔr ɛːtʃ ɔv hem maːd oːðər fɔr toː winə;
hir frendʃip naz nat niuə toː biginə.
wel kniu heː ðɔːld eskiulaːpius,
and deːiskɔrides, and eːk rufus,
ɔːld ipɔkras, hali and galien,
serapiɔn, razis, and avisen,
averɔis, damasien, and kɔnstantiːn,
bernard, and gatəsdən, and gilbertiːn.
ɔv hiz diɛːtə meziuraːbl waz heː,
fɔr it waz ɔv nɔː siupərfluiteː,
but ɔv grɛːt nuriʃing° and didʒestiːblə.
hiz studi waz but litəl ɔn ðə biːblə.
in sangwin and in pers heː klad waz al,
liːnəd wiθ tafata and wiθ sendal;

And yet he was but esy of dispence;
He kepte that he wan in pestilence.
For gold in phisik is a cordial,
Therfore he lovede gold in special.
  A good WIF was ther OF biside BATHE,
But she was somdel deef, and that was scathe.
Of clooth-makyng she hadde swich an haunt,
She passed hem of Ypres and of Gaunt.
In al the parisshe wif ne was ther noon
That to the offrynge bifore hire sholde goon;
And if ther dide, certeyn so wrooth was she
That she was out of alle charitee.
Hir coverchiefs ful fyne weren of ground;
I dorste swere they weyeden ten pound
That on a Sonday weren upon hir heed.
Hir hosen weren of fyn scarlet reed,
Ful streite yteyd, and shoes ful moyste and newe.
Boold was hir face, and fair, and reed of hewe.
She was a worthy womman al hir lyve –
Housbondes at chirche dore she hadde fyve,
Withouten oother compaignye in youthe;
But therof nedeth nat to speke as nowthe.
And thries hadde she been at Jerusalem;
She hadde passed many a straunge strem.
At Rome she hadde been, and at Boloigne,
In Galice at Seint Jame, and at Coloigne.
She koude muchel of wandrynge by the weye.
Gat-tothed was she, soothly for to seye.
Upon an amblere esily she sat,
Ywympled wel, and on hir heed an hat
As brood as is a bokeler or a targe;
A foot-mantel aboute hir hipes large,
And on hir feet a paire of spores sharpe.
In felaweshipe wel koude she laughe and carpe.
Of remedies of love she knew per chaunce,
For she koude of that art the olde daunce.

  A good man was ther of religioun,
And was a povre PERSOUN of a toun,
But riche he was of hooly thoght and werk.
He was also a lerned man, a clerk,

and jet heː waz but ɛːzi ɔv dispensə;
heː keptə ðat heː wan in pestilensə.
fɔr goːld in fizik iz a kɔrdial,
ðɛːrfɔr heː luvəd goːld in spesial.
a goːd wiːf waz ðɛːr ɔv bisiːdə baːðə,
but ʃeː waz sumdɛːl dɛːf, and ðat waz skaːðə.
ɔv klɔθmaking ʃeː hadə switʃ an haunt,
ʃeː pasəd hem ɔv iːprəz and ɔv gaunt.
in al ðə pariʃ wiːf nə waz ðɛːr nɔːn
ðat toː ðɔfring bifɔːr hir ʃoːldə gɔːn;
and if ðɛːr did, sertain sɔː wrɔːθ° waz ʃeː
ðat ʃeː waz uːt ɔv alə tʃariteː.
hir kuvərtʃeːfs ful fiːnə wɛːrn ɔv gruːnd;
iː dɔrstə swɛːr ðai waiədən ten puːnd
ðat ɔn a sundai wɛːrn upɔn hir hɛːd.
hir hɔːzən wɛːrən ɔv fiːn skarlət rɛːd,
ful strait itaid, and ʃoːz ful mɔist and niuə.
bɔːld waz hir faːs, and fair, and rɛːd ɔv hiuə.
ʃeː waz a wurði wuman al hir liːvə° –
huzbɔndz at tʃirtʃə doːr ʃeː hadə fiːvə,
wiðuːtən oːðər kumpainiː in juːðə°;
but ðɛːrɔv neːdəθ nat toː spɛːk az nuːðə°.
and θriːəz had ʃeː beːn at dʒerusalɛːm°;
ʃeː hadə pasəd mani a straundʒə strɛːm.
at roːm° ʃeː hadə beːn, and at bɔlɔinə,
in galıs at saint dʒaːm, and at kɔlɔinə.
ʃeː kuːdə mutʃl ɔv wandring biː ðə waiə.
gat toːðəd waz ʃeː, soːθli fɔr toː saiə.
upɔn an amblər ɛːzili ʃeː sat,
iwimpləd wel, and ɔn hir hɛːd an hat
az brɔːd az iz a buklər ɔr a tardʒə;
a foːt mantəl abuːt hir hipəz lardʒə,
and ɔn hir feːt a pair ɔv spɔːrəz ʃarpə.
in felauʃip wel kuːd ʃeː laux and karpə.
ɔv remədiz ɔv luv ʃeː kniu per tʃaunsə,
fɔr ʃeː kuːd ɔv ðat art ðə ɔːldə daunsə.
a goːd man waz ðɛːr ɔv rilidʒiuːn,
and waz a poːvrə persuːn ɔv a tuːn,
but ritʃ heː waz ɔv hɔːli θɔuxt and werk.
heː waz alsɔː a lɛːrnəd man, a klerk,

That Cristes gospel trewely wolde preche;
His parisshens devoutly wolde he teche.
Benygne he was, and wonder diligent,
And in adversitee ful pacient,
And swich he was ypreved ofte sithes.
Ful looth were hym to cursen for his tithes,
But rather wolde he yeven, out of doute,
Unto his povre parisshens aboute
Of his offryng and eek of his substaunce.
He koude in litel thyng have suffisaunce.
Wyd was his parisshe, and houses fer asonder,
But he ne lefte nat, for reyn ne thonder,
In siknesse nor in meschief to visite
The ferreste in his parisshe, muche and lite,
Upon his feet, and in his hand a staf.
This noble ensample to his sheep he yaf,
That first he wroghte, and afterward he taughte.
Out of the gospel he tho wordes caughte,
And this figure he added eek therto,
That if gold ruste, what shal iren do?
For if a preest be foul, on whom we truste,
No wonder is a lewed man to ruste;
And shame it is, if a prest take keep,
A shiten shepherde and a clene sheep.
Wel oghte a preest ensample for to yive,
By his clennesse, how that his sheep sholde lyve.
He sette nat his benefice to hyre,
And leet his sheep encombred in the myre,
And ran to Londoun unto Seinte Poules
To seken hym a chaunterie for soules,
Or with a bretherhed to been withholde;
But dwelte at hoom, and kepte wel his folde,
So that the wolf ne made it nat myscarie;
He was a shepherde and noght a mercenarie.
And though he hooly were and vertuous,
He was to synful men nat despitous,
Ne of his speche daungerous ne digne,
But in his techyng discreet and benygne.
To drawen folk to hevene by fairnesse,
By good ensample, this was his bisynesse.

ðat kriːstəz gɔspəl triuli woːldə prɛːtʃə;
hiz pariʃənz divuːtli woːld heː tɛːtʃə.
biniːn heː waz, and wundər dilidʒent,
and in adversiteː ful paːsient,
and switʃ heː waz ipreːvəd ɔftə siːðəz.
ful lɔːθ wɛːr him toː kursən fɔr hiz tiːðəz,
but raːðər° woːld heː jevən, uːt ɔv duːtə,
untoː hiz poːvrə pariʃənz abuːtə
ɔv hiz ɔfring and eːk ɔv hiz substaunsə.
heː kuːd in litəl θing hav sufizaunsə.
wiːd waz hiz pariʃ, and huːzəz fer asundər,
but heː nə leftə nat, fɔr rain nə θundər,
in siknəs nɔr in mestʃeːf toː viziːtə
ðə ferəst in hiz pariʃ, mutʃ and liːtə,
upɔn hiz feːt, and in hiz hand a staf.
ðis nɔːbl insamplə toː hiz ʃeːp heː jaf,
ðat first heː wrɔuxt, and aftərward heː tauxtə.
uːt ɔv ðə gɔspəl heː ðɔː° wurdəz kauxtə,
and ðis figiur heː adəd eːk ðɛːrtoː,
ðat if goːld rustə, hwat ʃal iːrən doː?
fɔr if a preːst bi fuːl, ɔn hwoːm weː trustə,
nɔː wundər iz a lɛuəd° man toː rustə;
and ʃaːm it iz, if a preːst taːkə keːp,
a ʃitən° ʃepherd and a klɛːnə ʃeːp.
wel ɔuxt a preːst insamplə fɔr toː jivə,
biː hiz klɛːnnes°, huː ðat hiz ʃeːp ʃoːld livə.
heː setə nat hiz benəfis toː hiːrə,
and leːt hiz ʃeːp inkumbrəd in ðə miːrə,
and ran toː lunduːn untoː saintə pɔuləz
toː seːkən him a tʃauntəri fɔr sɔuləz,
ɔr wiθ a breðərhɛːd toː beːn wiðhɔːldə;
but dwelt at hɔːm, and keptə wel hiz fɔːldə,
sɔː ðat ðə wulf nə maːd it nat miskari;
heː waz a ʃepherd and nɔuxt a mersənari.
and ðɔux heː hɔːli wɛːr and vertiuuːs,
heː waz toː sinful men nat despituːs,
nə ɔv hiz speːtʃə daundʒəruːs nə diːnə,
but in hiz tɛːtʃing diskrɛːt and biniːnə.
toː drauən fɔlk toː hɛːvən° biː fairnesə,
biː goːd insampl, ðis waz hiz bizinesə.

But it were any persone obstinat,
What so he were, of heigh or lough estat,
Hym wolde he snybben sharply for the nonys.
A bettre preest I trowe that nowher noon ys.
He waited after no pompe and reverence,
Ne maked him a spiced conscience,
But Cristes loore and his apostles twelve
He taughte, but first he folwed it hymselve.
With hym ther was a PLOWMAN, was his brother,
That hadde ylad of dong ful many a fother;
A trewe swynkere and a good was he,
Lyvynge in pees and parfit charitee.
God loved he best with al his hoole herte
At alle tymes, thogh him gamed or smerte,
And thanne his neighebor right as hymselve.
He wolde thresshe, and therto dyke and delve,
For Cristes sake, for every povre wight,
Withouten hire, if it lay in his myght.
His tithes payde he ful faire and wel,
Bothe of his propre swynk and his catel.
In a tabard he rood upon a mere.
Ther was also a Reve, and a Millere,
A Somnour, and a Pardoner also,
A Maunciple, and myself – ther were namo.
The MILLERE was a stout carl for the nones;
Ful byg he was of brawn, and eek of bones.
That proved wel, for over al ther he cam,
At wrastlynge he wolde have alwey the ram.
He was short-sholdred, brood, a thikke knarre;
Ther was no dore that he nolde heve of harre,
Or breke it at a rennyng with his heed.
His berd as any sowe or fox was reed,
And therto brood, as though it were a spade.
Upon the cop right of his nose he hade
A werte, and theron stood a toft of herys,
Reed as the brustles of a sowes erys;
His nosethirles blake were and wyde.
A swerd and bokeler bar he by his syde.
His mouth as greet was as a greet forneys.
He was a janglere and a goliardeys,

but it wɛːr ani persuːn ɔbstinaːt,
hwat sɔː heː wɛːr, ɔv hiːx ɔr lɔux istaːt,
him woːld heː snibən ʃarpli fɔr ðə nɔːniz.
a betrə preːst iː trɔu ðat nɔːhwɛːr nɔːn iz.
heː waitəd aftər nɔː pɔmp and revərensə,
nə maːkəd him a spiːsəd kɔnsiensə,
but kriːstəz lɔːr and hiz apɔstləz twelvə
heː tauxt, but first heː fɔlwəd it himselvə.
  wiθ him ðɛːr waz a pluːman, waz hiz broːðər°,
ðat had ilad ɔv dung ful mani a foːðər;
a triuə swinkər and a goːd waz heː,
living in pɛːs and parfit tʃariteː.
gɔd luvd heː best wiθ al hiz hɔːlə° hertə
at alə tiːməz, ðɔux him gaːmd ɔr smertə,
and ðan hiz naixəbuːr° riːxt az himselvə.
heː woːldə θreʃ, and ðɛːrtoː diːk and delvə,
fɔr kriːstəz saːk, fɔr evri poːvrə wiːxt,
wiðuːtən hiːr, if it lai in hiz miːxt.
hiz tiːðəz paidə heː ful fair and wel,
bɔːθ ɔv hiz prɔprə swink and hiz katel.
in a tabard heː rɔːd upon a meːrə°.
ðɛːr waz alsɔː a reːv, and a mileːrə,
a sumnuːr, and a pardɔner alsɔː,
a maunsipl, and miːself – ðɛːr wɛːr namɔː.
  ðə milər waz a stuːt karl fɔr ðə nɔːnəz;
ful big heː waz ɔv braun, and eːk ɔv bɔːnəz.
ðat proːvəd wel, fɔr ɔːvral ðɛːr heː kam,
at wrastling heː woːld hav alwai ðə ram.
heː waz ʃɔrt ʃuldrəd°, brɔːd, a θikə knarə;
ðɛːr waz nɔː doːr ðat heː noːld hɛːv ɔv harə,
ɔr brɛːk it at a rening wiθ hiz hɛːd.
hiz bɛːrd az ani suː ɔr fɔks waz rɛːd,
and ðɛːrtoː brɔːd, az ðɔux it wɛːr a spaːdə.
upɔn ðə kɔp riːxt ɔv hiz nɔːz heː haːdə
a wert, and ðɛːrɔn stoːd a tɔft ɔv heːriz°,
rɛːd az ðə bristləz° ɔv a suːəz eːriz;
hiz nɔːzəθirləz blaːkə° wɛːr and wiːdə.
a swɛːrd and buklər baːr heː biː hiz siːdə.
hiz muːθ az grɛːt waz az a grɛːt furnais.
heː waz a dʒanglər and a gɔliardais,

And that was moost of synne and harlotries.
Wel koude he stelen corn and tollen thries;
And yet he hadde a thombe of gold, pardee.
A whit cote and a blew hood wered he.
A baggepipe wel koude he blowe and sowne,
And therwithal he broghte us out of towne.
  A gentil MAUNCIPLE was ther of a temple,
Of which achatours myghte take exemple
For to be wise in byynge of vitaille;
For wheither that he payde or took by taille,
Algate he wayted so in his achaat
That he was ay biforn and in good staat.
Now is nat that of God a ful fair grace
That swich a lewed mannes wit shal pace
The wisdom of an heep of lerned men?
Of maistres hadde he mo than thries ten,
That weren of lawe expert and curious,
Of which ther weren a duszeyne in that hous
Worthy to been stywardes of rente and lond
Of any lord that is in Engelond,
To make hym lyve by his propre good
In honour dettelees (but if he were wood),
Or lyve as scarsly as hym list desire;
And able for to helpen al a shire
In any caas that myghte falle or happe;
And yet this manciple sette hir aller cappe.

  The REVE was a sclendre colerik man.
His berd was shave as ny as ever he kan;
His heer was by his erys ful round yshorn;
His top was dokked lyk a preest biforn.
Ful longe were his legges and ful lene
Ylyk a staf; ther was no calf ysene.
Wel koude he kepe a gerner and a bynne;
Ther was noon auditour koude on him wynne.
Wel wiste he by the droghte and by the reyn
The yeldynge of his seed and of his greyn.
His lordes sheep, his neet, his dayerye,
His swyn, his hors, his stoor, and his pultrye
Was hoolly in this reves governynge,
And by his covenant yaf the rekenynge,

and ðat waz mɔːst ɔv sin and harlɔtriːəz.
wel kuːd heː stɛːlən kɔːrn and tɔlən θriːəz;
and jet heː had a θumb ɔv goːld, pardeː.
a hwiːt kɔːt and a bliu hoːd wɛːrəd heː.
a bagəpiːp wel kuːd heː blɔu and suːnə,
and ðɛːrwiðal heː brɔuxt us uːt ɔv tuːnə.
a dʒentil maunsipl waz ðɛːr ɔv a templə,
ɔv hwitʃ atʃatuːrz miːxtə taːk iksemplə
fɔr toː beː wiːs in biːing ɔv vitailə;
fɔr hweðər ðat heː paid ɔr toːk biː tailə,
algaːt heː waitəd sɔː in hiz atʃaːt
ðat heː waz ai bifɔːrn and in goːd staːt.
nuː iz nat ðat ɔv gɔd a ful fair graːsə
ðat switʃ a lɛuəd manəz wit ʃal paːsə
ðə wizdum ɔv an hɛːp ɔv lɛːrnəd men?
ɔv maistrəz had heː mɔː ðan θriːəz ten,
ðat wɛːrn ɔv lau ikspert and kiuriuːs,
ɔv hwitʃ ðɛːr wɛːrn a duzain in ðat huːs
wurði toː beːn stiːwardz° ɔv rent and lɔːnd
ɔv ani lɔːrd ðat iz in ingəlɔːnd,
toː maːk him livə biː hiz prɔprə goːd
in ɔnuːr detlɛːs (but if heː wɛːr woːd),
ɔr liv az skarsli az him list diziːrə;
and aːblə fɔr toː helpən al a ʃiːrə
in ani kaːs ðat miːxtə fal ɔr hapə;
and jet ðis mansipl set hir alər kapə.
ðə reːvə waz a slendr kɔlerik man.
hiz beːrd waz ʃaːv az niː az evr heː kan;
hiz hɛːr waz biː hiz eːrz ful ruːnd iʃɔːrn;
hiz tɔp waz dɔkəd liːk a preːst bifɔːrn.
ful lɔngə wɛːr hiz legəz and ful leːnə°
iliːk a staf; ðɛːr waz nɔː kalf iseːnə.
wel kuːd heː keːp a gernər and a binə;
ðɛːr waz nɔːn audituːr kuːd ɔn him winə.
wel wist heː biː ðə druːxt and biː ðə rain
ðə jeːlding ɔv hiz seːd and ɔv hiz grain.
hiz lɔːrdəz ʃeːp, hiz nɛːt°, hiz daiəriːə,
hiz swiːn, hiz hɔrs, hiz stɔːr, and hiz pultriːə°
waz hɔːli in ðis reːvəz guvərningə,
and biː hiz kuvnant jaf ðə rekəningə,

Syn that his lord was twenty yeer of age.
Ther koude no man brynge hym in arrerage.
Ther nas baillif, ne hierde, nor oother hyne,
That he ne knew his sleighte and his covyne;
They were adrad of hym as of the deeth.
His wonyng was ful faire upon an heeth;
With grene trees yshadwed was his place.
He koude bettre than his lord purchace.
Ful riche he was astored pryvely.
His lord wel koude he plesen subtilly,
To yeve and lene hym of his owene good,
And have a thank, and yet a gowne and hood.
In youthe he hadde lerned a good myster:
He was a wel good wrighte, a carpenter.
This reve sat upon a ful good stot,
That was al pomely grey and highte Scot.
A long surcote of pers upon he hade,
And by his syde he baar a rusty blade.
Of Northfolk was this reve of which I telle,
Biside a toun men clepen Baldeswelle.
Tukked he was as is a frere aboute,
And evere he rood the hyndreste of oure route.
  A SOMONOUR was ther with us in that place,
That hadde a fyr-reed cherubynnes face,

For saucefleem he was, with eyen narwe.
As hoot he was and lecherous as a sparwe,
With scaled browes blake and piled berd.
Of his visage children were aferd.
Ther nas quyk-silver, lytarge, ne brymstoon,
Boras, ceruce, ne oille of tartre noon,
Ne oynement that wolde clense and byte,
That hym myghte helpen of his whelkes white,
Nor of the knobbes sittynge on his chekes.
Wel loved he garleek, oynons, and eek lekes,
And for to drynken strong wyn, reed as blood;
Thanne wolde he speke and crie as he were wood.
And whan that he wel dronken hadde the wyn,
Thanne wolde he speke no word but Latyn.
A fewe termes hadde he, two or thre,
That he had lerned out of som decree –

sin ðat hiz lɔːrd waz twenti jeːr ɔv aːdʒə.
ðɛːr kuːd nɔː man bring him in areːraːdʒə.
ðɛːr naz bailif, nə heːrd, nɔr oːðər hiːnə,
ðat heː nə kniu hiz slaixt and hiz kuviːnə;
ðai wɛːr adrad ɔv him az ɔv ðə dɛːθ.
hiz wuning waz ful fair upɔn an hɛːθ;
wiθ greːnə treːz iʃadwəd waz hiz plaːsə.
heː kuːdə betrə ðan hiz lɔːrd purtʃaːsə.
ful ritʃ heː waz astɔːrəd privili.
hiz lɔːrd wel kuːd heː plɛːzən subtili,
toː jev and lɛːn him ɔv hiz ɔunə goːd,
and hav a θank, and jet a guːn and hoːd.
in juːθ° heː hadə lɛːrnd a goːd mister:
heː waz a wel goːd wriːxt, a karpənter.
ðis reːvə sat upɔn a ful goːd stɔt,
ðat waz al pumli° grai and hiːxtə skɔt.
a lɔng surkɔːt ɔv pers upɔn heː haːdə°,
and biː hiz siːd heː baːr a rusti blaːdə.
ɔv nɔrθfɔlk waz ðis reːv ɔv hwitʃ iː telə,
bisiːd a tuːn men klɛːpən° baldəzwelə.
tukəd heː waz az iz a freːr abuːtə,
and evr heː rɔːd ðə hindrəst ɔv uːr ruːtə.
  a sumnuːr° waz ðɛːr wiθ us in ðat plaːsə,
ðat had a fiːrrɛːd tʃerubinəz faːsə,
fɔr sausəflɛːm heː waz, wiθ iːən narwə°.
az hɔːt heː waz and letʃruːs az a sparwə°,
wiθ skaːləd bruːəz blaːk and piːləd beːrd;
ɔv hiz vizaːdʒə tʃildrən wɛːr afeːrd.
ðɛːr naz kwiksilvər, litardʒ, nə brimstɔːn,
bɔras, serius, nə ɔil ɔv tartrə nɔːn,
nə ɔɪnəment ðat woːldə klenz and biːtə,
ðat him miːxt helpən ɔv hiz hwelkəz hwiːtə,
nɔr ɔv ðə knɔbəz siting ɔn hiz tʃeːkəz.
wel luvd heː garleːk, uinunz°, and eːk leːkəz,
and fɔr toː drinkən strɔng wiːn, rɛːd az bloːd;
ðan woːld heː spɛːk and kriː az heː wɛːr woːd.
and hwan ðat heː wel drunkən had ðə wiːn,
ðan woːld heː spɛːkə nɔː wurd but latiːn.
a fɛuə terməz had heː, twɔː ɔr θreː,
ðat heː had lɛːrnəd uːt ɔv sum dikreː –

No wonder is, he herde it al the day.
And eek ye knowen wel how that a jay
Kan clepen "Watte" as wel as kan the Pope.
But whoso koude in oother thyng hym grope,
Thanne hadde he spent al his philosophie;
Ay *"questio quid iuris"* wolde he crie.
He was a gentil harlot and a kynde;
A bettre felawe sholde men noght fynde.
He wolde suffre for a quart of wyn
A good felawe to have his concubyn
A twelf month, and excuse hym atte fulle;
Ful prively a fynch eek koude he pulle.
And if he foond owher a good felawe,
He wolde techen him to have noon awe
In swich caas of the ercedekenes curs,
But if a mannes soule were in his purs;
For in his purs he sholde ypunysshed be.
"Purs is the ercedekenes helle," seyde he.
But wel I woot he lyed right in dede.
Of cursyng oghte ech gilty man him drede,
For curs wol slee right as assoillyng savith,
And also war hym of a *"significavit"*.
In daunger hadde he at his owene gise
The yonge girles of the diocise,
And knew hir conseil, and was al hir reed.
A gerland hadde he set upon his heed,
As greet as it were for an ale-stake.
A bokeleer hadde he maad hym of a cake.

With hym ther rood a gentil PARDONER
Of Rouncivale, his freend and his compeer,
That streight was comen fro the court of Rome.
Ful loude he soong "Com hider, love, to me!"
This somonour bar to hym a stif burdoun;
Was nevere trompe of half so greet a soun.
This pardoner hadde heer as yelow as wex,
But smothe it heeng as dooth a strike of flex;
By ounces henge his lokkes that he hadde,
And therwith he his shuldres overspradde;
But thynne it lay, by colpons oon and oon.
But hood, for jolitee, wered he noon,

nɔː wundər iz, heː hɛːrd it al ðə dai;
and eːk jeː knɔuən wel huː ðat a dʒai
kan klɛːpən wat az wel az kan ðə pɔːpə.
but hwoːsɔː kuːd in oːðər θing him grɔːpə,
ðan had heː spent al hiz filɔsɔfiːə;
ai kwestioː kwid iuris woːld heː kriːə.
heː waz a dʒentil harlɔt and a kiːndə;
a betrə felau ʃoːldə men nɔuxt fiːndə.
heː woːldə sufrə fɔr a kwart ɔv wiːn
a goːd felau° toː hav hiz kɔnkiubiːn
a twelf munθ, and ikskiuz him atə fulə;
ful privəli a fintʃ eːk kuːd heː pulə.
and if heː fɔːnd ɔːhwɛːr a goːd felauə,
heː woːldə tɛːtʃən him toː hav nɔːn auə
in switʃ kaːs ɔv ðə ertʃədɛːkənz kurs,
but if a manəz sɔul wɛːr in hiz purs;
fɔr in hiz purs heː ʃoːld ipuniʃt beː.
purs iz ðə ertʃədɛːkənz hel said heː.
but wel iː wɔːt heː liːəd riːxt in deːdə
ɔv kursing ɔuxt ɛːtʃ gilti man him dreːdə,
fɔr kurs wul slɛː riːxt az asɔiling saːviθ,
and alsɔː waːr him ɔv a siːnifikavit°.
in daundʒər had heː at hiz ɔunə giːzə
ðə jungə girləz° ɔv ðə diːɔsiːzə°,
and kniu hir kuːnsail, and waz al hir rɛːd.
a gerland had heː set upɔn hiz hɛːd,
az grɛːt az it wɛːr fɔr an aːləstaːkə.
a buklər had heː maːd him ɔv a kaːkə.
  wiθ him ðɛːr rɔːd a dʒentil pardɔneːr
ɔv ruːnsivaːl, hiz freːnd and hiz kɔmpeːr,
ðat straixt waz kumən frɔː ðə kuːrt° ɔv roːmə°.
ful luːd heː sɔːng kum hidər luvə toː meː°.
ðis sumnuːr baːr toː him a stif burduːn;
waz nevər trump ɔv half sɔː grɛːt a suːn.
ðis pardɔner had hɛːr az jelw az weks,
but smoːθ° it heːng az doːθ a striːk ɔv fleks;
biː uːnsəz heːng hiz lɔkəz ðat heː hadə,
and ðɛːrwiθ heː hiz ʃuldrəz ɔːvərspradə;
but θin it lai, biː kulpɔnz ɔːn and ɔːn.
but hoːd, fɔr dʒɔliteː, wɛːrəd heː nɔːn,

For it was trussed up in his walet.
Hym thoughte he rood al of the newe jet;
Dischevelee, save his cappe, he rood al bare.
Swiche glarynge eyen hadde he as an hare.
A vernycle hadde he sowed upon his cappe.
His walet lay biforn hym in his lappe,
Bretful of pardoun, comen from Rome al hoot.
A voys he hadde as smal as hath a goot.
No berd hadde he, ne nevere sholde have;
As smothe it was as it were late shave.
I trowe he were a geldyng or a mare.
But of his craft, fro Berwyk into Ware,
Ne was ther swich another pardoner.
For in his male he hadde a pilwe-beer,
Which that he seyde was Oure Lady veyl;
He seyde he hadde a gobet of the seyl
That Seint Peter hadde, whan that he wente
Upon the see, til Jhesu Crist hym hente.
He hadde a croys of latoun ful of stones,
And in a glas he hadde pigges bones.
But with thise relikes, whan that he fond
A povre person dwellynge upon lond,
Upon a day he gat hym moore moneye
Than that the person gat in monthes tweye;
And thus, with feyned flaterye and japes,
He made the person and the peple his apes.
But trewely to tellen atte laste,
He was in chirche a noble ecclesiaste.
Wel koude he rede a lessoun or a storie,
But alderbest he song an offertorie;
For wel he wiste, whan that song was songe,
He moste preche and wel affile his tonge
To wynne silver, as he ful wel koude;
Therefore he song the murierly and loude.

Now have I toold you soothly, in a clause,
Th' estaat, th' array, the nombre, and eek the cause
Why that assembled was this compaignye
In Southwerk at this gentil hostelrye
That highte "The Tabard", faste by the Belle.
But now is tyme to yow for to telle

fɔr it waz trusəd up in hiz walet.
him θɔuxt heː rɔːd al ɔv ðə niuə dʒet;
distʃevleː, saːv hiz kap, heː rɔːd al baːrə.
switʃ glaːring iːən had heː az an haːrə.
a vernikl had heː sɔud upɔn hiz kapə.
hiz walət lai bifɔːrn him in hiz lapə,
bretful ɔv parduːn, kumn frɔm roːm al hɔːt.
a vɔis heː had az smal az haθ a gɔːt.
nɔː beːrd had heː, nə nevər ʃoːldə haːvə;
az smoːθ it waz az it wɛːr laːtə ʃaːvə.
iː trɔu heː wɛːr a gelding ɔr a maːrə.
but ɔv hiz kraft, frɔː berwik intoː waːrə,
nə waz ðɛːr switʃ anoːðər pardɔneːr.
fɔr in hiz maːl heː had a pilwəbeːr,
hwitʃ ðat heː said waz uːrə laːdi vail;
heː said heː had a gɔbət ɔv ðə sail
ðat saint peːtər had, hwan ðat heː wentə
upɔn ðə sɛː, til dʒeːziu kriːst him hentə.
heː had a krɔis ɔv latuːn ful ɔv stɔːnəz,
and in a glas heː hadə pigəz bɔːnəz.
but wiθ ðiːz relikəz, hwan ðat heː fɔːnd
a poːvrə persuːn° dweling upɔn lɔːnd,
upɔn a dai heː gat him mɔːr munaiə
ðan ðat ðə persuːn gat in munðəz twaiə;
and ðus, wiθ fainəd flatəri and dʒaːpəz
heː maːd ðə persuːn and ðə peːpl hiz aːpəz.
but triuəli toː telən atə lastə,
heː waz in tʃirtʃ° a nɔːbl ikleːziastə.
wel kuːd heː rɛːd a lesuːn ɔr a stɔri,
but aldərbest heː sɔːng an ɔfərtɔri;
fɔr wel heː wistə, hwan ðat sɔːng waz sungə,
heː moːstə prɛːtʃ and wel afiːl hiz tungə
toː winə silvər, az heː ful wel kuːdə;
ðɛːrfɔr heː sɔːng ðə miriərli° and luːdə
    nuː hav iː tɔːld juː soːθli in a klauzə,
ðistaːt, ðarai, ðə numbr, and eːk ðə kauzə
hwiː ðat asembləd waz ðis kumpainiːə
in suːθwerk at ðis dʒentil hɔstəlriːə
ðat hiːxt ðə tabard, fastə biː ðə belə.
but nuː iz tiːmə toː juː fɔr toː telə

How that we baren us that ilke nyght,
Whan we were in that hostelrie alyght;
And after wol I telle of our viage
And al the remenaunt of oure pilgrimage.
But first I pray yow, of youre curteisye,
That ye n' arette it nat my vileynye,
Thogh that I pleynly speke in this mateere,
To telle yow hir wordes and hir cheere,
Ne thogh I speke hir wordes proprely.
For this ye knowen al so wel as I:
Whoso shal telle a tale after a man,
He moot reherce as ny as evere he kan
Everich a word, if it be in his charge,
Al speke he never so rudeliche and large,
Or ellis he moot telle his tale untrewe,
Or feyne thyng, or fynde wordes newe.
He may nat spare, althogh he were his brother;
He moot as wel seye o word as another.
Crist spak hymself ful brode in Hooly Writ,
And wel ye woot no vileynye is it.
Eek Plato seith, whoso kan hym rede,
The wordes moote be cosyn to the dede.
Also I prey yow to foryeve it me,
Al have I nat set folk in hir degree
Heere in this tale, as that they sholde stonde.
My wit is short, ye may wel understonde.

Greet chiere made oure HOOST us everichon,
And to the soper sette he us anon.
He served us with vitaille at the beste;
Strong was the wyn, and wel to drynke us leste.
A semely man oure hooste was withalle
For to been a marchal in an halle.
A large man he was with eyen stepe –
A fairer burgeys was ther noon in Chepe –
Boold of his speche, and wys, and wel ytaught,
And of manhod hym lakkede right naught.
Eek therto he was right a myrie man;
And after soper pleyen he bigan,
And spak of myrthe amonges othere thynges,
Whan that we hadde maad oure rekenynges,

huː ðat weː baːrən us ðat ilkə niːxt,
hwan weː wɛːr in ðat hɔstəlri° aliːxt;
and aftər wul iː tel ɔv uːr viaːdʒə
and al ðə remnaunt ɔv uːr pilgrimaːdʒə.
but first iː prai juː, ɔv juːr kurtaisiːə, oder kurtaiziːə
ðat jeː naret it nat miː vilainiːə,
ðɔux ðat iː plainli spɛːk in ðis mateːrə,
toː telə juː hir wurdəz and hir tʃeːrə,
nə ðɔux iː spɛːk hir wurdəz prɔprəliː°.
fɔr ðis jeː knɔuən al sɔː wel az iː,
hwoːsɔː ʃal tel a taːl aftər a man,
heː moːt rihers az niː az evr heː kan
evritʃ a wurd, if it beː in hiz tʃardʒə,
al spɛːk heː nevr sɔː riudəlitʃ and lardʒə,
ɔr eliz heː moːt tel hiz taːl untriuə,
ɔr fainə θing, ɔr fiːndə wurdəz niuə.
heː mai nat spaːr, alðɔux heː wɛːr hiz broːðər;
heː moːt az wel sai ɔː wurd az anoːðər.
kriːst spak himself ful brɔːd in hɔːli writ,
and wel jeː wɔːt nɔː vilainiː iz it.
eːk plaːtɔː saiθ, hwoːsɔː kan him reːdə°,
ðə wurdəz moːt beː kuzin toː ðə deːdə°.
alsɔː iː prai juː toː fɔrjev it meː,
al hav iː nat set fɔlk in hir digreː
heːr in ðis taːl, az ðat ðai ʃoːldə stɔːndə.
miː wit iz ʃɔrt, jeː mai wel undərstɔːndə.
  grɛːt tʃeːrə maːd uːr hɔːst us evritʃɔːn,
and toː ðə supər set heː us anɔːn.
heː servəd us wiθ vitail at ðə bestə;
strɔng waz ðə wiːn, and wel toː drink us lestə.
a seːmli man uːr hɔːstə waz wiðalə
fɔr toː beːn a martʃal in an halə.
a lardʒə man heː waz wiθ iːən stɛːpə° –
a fairər burdʒais waz ðɛːr nɔːn in tʃɛːpə° –
bɔːld ɔv hiz speːtʃ, and wiːs, and wel itauxt,
and ɔv manhoːd him lakədə riːxt nauxt.
eːk ðɛːrtoː heː waz riːxt a miri man;
and aftər supər plaiən heː bigan,
and spak ɔv mirθ, amungəz oːðər θingəz,
hwan ðat weː hadə maːd uːr rekəningəz,

And seyde thus: "Now, lordynges, trewely,
Ye been to me right welcome, hertely;
For by my trouthe, if that I shal nat lye,
I saugh nat this yeer so myrie a compaignye
Atones in this herberwe as is now.
Fayn wolde I doon yow myrthe, wiste I how.
And of a myrthe I am right now bythoght
To doon yow ese, and it shal coste noght.
Ye goon to Caunterbury – God yow speede –
The blisful martir quite yow youre meede!
And wel I woot, as ye goon by the weye,
Ye shapen yow to talen and to pleye;
For trewely, confort ne myrthe is noon
To ride by the weye doumb as a stoon;
And therfore wol I maken yow disport,
As I seyde erst, and doon yow som confort.
And if yow liketh alle by oon assent
For to stonden at my juggement,
And for to werken as I shal yow seye,
Tomorwe, whan ye riden by the weye,
Now, by my fader soule that is deed,
But ye be myrie, I wol yeve yow myn heed!
Hoold up youre hondes, withouten moore speche."
  Oure conseil was nat longe for to seche.
Us thoughte it was noght worth to make it wys,
And graunted hym withouten moore avys,
And bad him seye his voirdit as hym leste.
"Lordynges," quod he, "now herkneth for the beste;
But taak it nought, I prey yow, in desdeyn.
This is the poynt, to speken short and pleyn,
That ech of yow, to shorte with oure weye,
In this viage shal telle tales tweye
To Caunterburyward, I mene it so,
And homward he shal tellen othere two,
Of aventures that whilom han bifalle.
And which of yow that bereth hym best of alle –
That is to seyn, that telleth in this caas
Tales of best sentence and moost solaas –
Shal have a soper at oure aller cost
Heere in this place, sittynge by this post,

and saidə ðus: nuː, lɔːrdingz, triuli,
jeː beːn toː meː riːxt welkum, hertəli;
fɔr biː miː trɔuθ, if ðat iː ʃal nat liːə,
iː saux nat ðis jeːr sɔː miri a kumpainiːə
at ɔːnəz in ðis herberw az iz nuː.
fain woːld iː doː juː mirðə, wist iː huː.
and ɔv a mirθ iː am riːxt nu biθɔuxt,
toː doːn juː ɛːz, and it ʃal kɔstə nɔuxt.
jeː gɔːn toː kauntərberi – gɔd juː speːdə –
ðə blisful martir kwiːtə juː juːr meːdə.
and wel iː wɔːt, az jeː gɔːn biː ðə waiə,
jeː ʃaːpən juː toː taːlən and toː plaiə;
fɔr triuəli, kunfɔrt nə mirθ iz nɔːn
toː riːdə biː ðə wai duːmb° az a stɔːn.
and ðɛːrfɔr wul iː maːkən juː dispɔrt,
az iː said erst, and doːn juː sum kunfɔrt.
and if juː liːkəθ al biː ɔːn asent
fɔr toː stɔːndən at miː dʒudʒəment,
and fɔr toː werkən az iː ʃal juː saiə,
toːmɔrwə, hwan jeː riːdən biː ðə waiə,
nuː, biː miː fadər sɔulə ðat iz dɛːd,
but jeː biː miri, iː wul jev juː miːn hɛːd.
hɔːld up juːr hɔːndz, wiðuːtən mɔːrə speːtʃə.
uːr kuːnsail waz nat lɔngə fɔr toː seːtʃə.
us θɔuxt it waz nɔuxt wurθ toː maːk it wiːs,
and grauntəd him wiðuːtən mɔːr aviːs,
and bad him sai hiz vɔirdit az him lestə.
lɔːrdingz, kwɔd heː, nuː herknəθ fɔr ðə bestə;
but taːk it nɔuxt, iː prai juː, in disdain.
ðis iz ðə pɔint, toː spɛːkən ʃɔrt and plain,
ðat ɛːtʃ ɔv juː, toː ʃɔrtə wiθ uːr waiə,
in ðis viaːdʒ ʃal telə taːləz twaiə
toː kauntərberiward, iː mɛːn it sɔː,
and hɔːmward heː ʃal telən oːðər twɔː,
ɔv avəntiurz ðat hwiːləm° han bifalə.
and hwitʃ ɔv juː ðat bɛːrθ him best ɔv alə –
ðat iz toː sain, ðat teləθ in ðis kaːs
taːləz ɔv best sentens and mɔːst sɔlaːs –
ʃal hav a supər at uːr alər kɔst
heːr in ðis plaːsə, siting biː ðis pɔst,

Whan that we come agayn fro Caunterbury.
And for to make yow the moore mury,
I wol myselven goodly with yow ryde,
Right at myn owene cost, and be youre gyde;
And whoso wole my juggement withseye
Shal paye al that we spenden by the weye.
And if ye vouchesauf that it be so,
Tel me anon, withouten wordes mo,
And I wol erly shape me therfore.
  This thyng was graunted, and oure othes swore
With ful glad herte, and preyden hym also
That he wolde vouchesauf for to do so,
And that he wolde been oure governour,
And oure tales juge and reportour,
And sette a soper at a certeyn pris,
And we wol reuled been at his devys
In heigh and lough; and thus by oon assent
We been acorded to his juggement.
And therupon the wyn was fet anon;
We dronken, and to reste wente echon,
Withouten any lenger taryynge.
  Amorwe, whan that day bigan to sprynge,
Up roos oure hoost, and was oure aller cok,
And gadrede us togidre alle in a flok,
And forth we riden a litel moore than paas
Unto the wateryng of Seint Thomas;
And there oure hoost bigan his hors areste
And seyde, "Lordynges, herkneth, if yow leste.
Ye woot youre foreward, and I it yow recorde.
If even-song and morwe-song accorde,
Lat se now who shal telle the firste tale.
As evere mote I drynke wyn or ale,
Whoso be rebel to my juggement
Shal paye for al that by the wey is spent.
Now draweth cut, er that we ferrer twynne;
He which that hath the shorteste shal bigynne.
"Sire Knyght," quod he, "my mayster and my lord,
Now draweth cut, for that is myn accord.
Cometh neer," quod he, "my Lady Prioresse.
And ye, Sire Clerk, lat be youre shamefastnesse,

hwan ðat weː kum again frɔː kauntərberi°.
and fɔr toː maːkə juː ðə mɔːrə meri°,
iː wul miːselvən goːdli wiθ juː riːdə,
riːxt at miːn ɔunə kɔst, and beː juːr giːdə;
and hwoːsɔː wul miː dʒudʒəment wiθsaiə
ʃal pai al ðat weː spendən biː ðə waiə.
and if jeː vuːtʃəsauf ðat it beː sɔː,
tel meː anɔːn, wiðuːtən wurdəz° mɔː,
and iː wul ɛːrli ʃaːpən meː ðɛːrfɔːrə.
ðis θing waz grauntəd, and uːr ɔːðəz swɔːrə
wiθ ful glad hert, and praidən him alsɔː
ðat heː woːld vuːtʃəsauf fɔr toː doː sɔː,
and ðat heː woːldə beːn uːr guvərnuːr,
and ɔv uːr taːləz dʒudʒ and repɔrtuːr,
and set a supər at a sertain priːs,
and weː wul riuləd beːn at hiz diviːs
in hiːx and lɔux; and ðus biː ɔːn asent
weː beːn akɔrdəd toː hiz dʒudʒəment.
and ðɛːrupɔn ðə wiːn waz fet anɔːn;
weː drunkən°, and toː restə went ɛːtʃɔːn,
wiðuːtən ani lengər tariingə.
amɔrwə, hwan ðat dai gan fɔr toː springə,
up rɔːs uːr hɔːst, and waz uːr alər kɔk,
and gadrəd us toːgidr al in a flɔk,
and fɔrθ weː ridn° a litəl moːr ðan paːs
untoː ðə watəring ɔv saint tɔmaːs;
and ðɛːr uːr hɔːst bigan hiz hɔrs arestə
and saidə, lɔːrdingz, herknəθ, if juː lestə.
jeː woːt juːr fɔrward and iː it juː rikɔrdə,
if eːvənsɔng and mɔrwəsɔng akɔrdə,
lat seː nuː hwoː ʃal tel ðə firstə taːlə.
az evər moːt iː drinkə wiːn ɔr aːlə,
hwoːsɔː beː rebəl toː miː dʒudʒəment
ʃal pai fɔr al ðat biː ðə wai iz spent.
nuː drauəθ kut, ɛːr ðat weː ferər twinə;
heː hwitʃ ðat haθ ðə ʃɔrtəst ʃal biginə.
siːr kniːxt, kwɔd heː, miː maistər and miː lɔːrd,
nuː drauəθ kut, fɔr ðat iz miːn akɔːrd.
kumθ neːr, kwɔd heː, miː laːdi priːɔresə,
and jeː, siːr klerk, lat beː juːr ʃaːmfastnesə,

Ne studieth noght; ley hond to, every man!"
Anon to drawen every wight bigan,
And shortly for to tellen as it was,
Were it by aventure, or sort, or cas,
The sothe is this: the cut fil to the knyght,
Of which ful blithe and glad was every wyght;
And telle he moste his tale, as was resoun,
By foreward and by composicioun,
As ye han herd; what nedeth wordes mo?
And whan this goode man saugh that it was so,
As he that wys was and obedient
To kepe his foreward by his free assent,
He seyde, "Syn I shal bigynne the game,
What, welcome be the cut, a Goddes name!
Now lat us ryde, and herkneth what I seye."
And with that word we ryden forth oure weye,
And he bigan with right a myrie cheere
His tale anon, and seyde in this manere.

nə studiəθ nɔuxt; lai hɔːnd toː, evri man.
anɔːn toː drauən evri wiːxt bigan,
and ʃɔrtli fɔr toː telən az it was,
wɛːr it biː avəntiur, ɔr sɔrt, ɔr kaːs,
ðə soːθ iz ðis: ðə kut fil toː ðə kniːxt,
ɔv hwitʃ ful bliːθ and glad waz evri wiːxt;
and tel heː moːst hiz taːl, az waz rɛːzuːn,
biː fɔrward and biː kɔmpɔzisiuːn,
az jeː han hɛːrd; hwat neːdəθ wurdəz mɔː?
and hwan ðis goːd man saux, ðat it waz sɔː,
az heː ðat wiːs waz and ɔbeːdient
toː keːp hiz fɔrward biː hiz freː asent,
heː saidə, sin iː ʃal bigin ðə gaːmə,
hwat, welkum beː ðə kut, a gɔdəz naːmə.
nu lat us riːd, and herknəθ hwat iː saiə.
and wiθ ðat wurd weː ridən fɔrθ uːr waiə,
and heː bigan wiθ riːxt a miri tʃeːrə
hiz taːl anɔːn, and said in ðis maneːrə.

7. Erläuterungen

Vorbemerkung: Mehrfach vorkommende Wörter werden in der Regel nur bei ihrem ersten Auftreten kommentiert.

1 **/aːpril/** Die ne. Lautung /eɪ/ setzt im Me. langen Vokal (trotz Stellung vor Doppelkonsonant) voraus.
/soːtə/ < ae. *swōte* /swoːtə/; Nebenform von ae. *swēte*; Verlust des /w/ vor /oː/, das vom Reimvokal gestützt wird.
2 **/druːxt/** < ae. *drūgoþ*. Ne. Lautung setzt me. /uː/ voraus. Verlust des /x/ in frne. Zeit nach 5.3.
/peːrsəd/ Die ne. Graphie <ie> setzt me. /eː/ voraus; vgl. S. 13.
3 **/switʃ/** < ae. *swylc* /swyltʃ/. Ne. Lautung und Schreibung zeigen Velarisierung des frme. /y/ zu /u/, Verlust des /w/ und /l/-Schwund.
/likuːr/ < agn. *licour*. Ne. Schreibung mit <qu> latinisierend (lat. *liquor*).
4 **/vertiu/** < afr. *vertu*. Ne. Schreibung mit <ir> latinisierend (lat. *virtus*).
5 **/eːk/** < ae. *ēac, ēc,* /æːk, eːk/; ne. (arch.) *eke*. Hier wird (neben möglicher /ɛː/-Lautung) geschlossenes /eː/ angenommen.
/brɛːθ/ Graphie weist, wie in *heeth*, auf langen Vokal. Zur ne. Lautung vgl. 4.3.10.
8 **/halvə/** Statt der flektierten Form *halve* wird im Ne. die unflektierte Form *half* mit /f/ verallgemeinert. Verlust des /l/ in frne. Zeit.
9 **/smaːlə/** Flektierte Form (Pl.) von *smal*, dessen beide me. Allomorphe /smal/ und /smaːlə/ lauten.
11 **/kuraːdʒəz/** Betonter Reimvokal /aː/ zeigt me. Betonung auf zweitletzter Silbe nach frz. Betonungsmuster.
12 **/fɔlk/** Verlust des /l/ in frne. Zeit.
13 **/palmərz/** Unsilbische Pluralendung ergibt sich aus dem Metrum. Verlust des /l/ in frne. Zeit.
/straundʒə/ < agn. *estraunge*. Ne. Lautung /eɪ/ geht auf frne. Monophthongierung zu /aː/ zurück.
/strɔːndəz/ Langvokal nach 4.2.1. Die ne. Lautung und Schreibung gehen auf nicht gelängte nördliche Dialektform *strand* zurück. Ebenso *londes* (Z. 14).
14 **/halwəz/** < ae. *hālgas* /haːlɣəs/.
/kuːθ/ Lautung mit /θ/ angenommen, da in Auslautposition, vgl. 5.1.
/sundri/ < ae. *syndrig*; ne. *sundry*.
15 **/spesiali/** Ne. Aussprache mit /ʃ/ erklärt sich durch Assimilation.

/endə/ Kurzer Vokal trotz Stellung vor dehnender Konsonanz wird durch ne. Lautung gestützt.

16 **/ingəlɔːnd/** Mit Hebung von /e/ vor [ŋ], wie im Ne. Möglicherweise noch /engəlɔːnd/.

/kauntərbri/ Dreisilbige Form vom Metrum bedingt. Vgl. dagegen Zeile 27.

19 **/sɛːzuːn/** In agn. Lehnwörtern wechselt die Endung zwischen <on>, was eigentlich /u/ nahelegt und <oun>; vgl. *condicioun, nacion, reson, resoun, composicioun* usw. Es wird in jedem Falle Aussprache mit /uː/ angenommen.

20 **/suːθwerk/** Die Schreibung mit <ou> weist auf /uː/-Aussprache. Jedoch mag die ne. Aussprache /sʌðək/ bereits me. /suðərk/ mit Kürzung vor Doppelkonsonanz, Ausfall des /w/, Vokalabschwächung und Lenisierung des intervokalischen Frikativs nahelegen.

21 **/rɛːdi/** Zur ne. Kürze vgl. 4.3.7.

23 **/hɔstəlriːə/** In frz. Lehnwörtern, in denen <h> am Wortanfang im Ne. gelautet wird, wird hier ebenfalls /h/-Aussprache angenommen.

24 **/kumpainiːə/** Me. /kum-/ (> ne. /kʌm-/) < agn. /kum-/. Dagegen zentralfranzösische Herkunft für *com-* in *composicioun.*

25 **/avəntiur/** Ne. *adventure* /ədventʃə/ zeigt lat. Einfluß bei <ad-> sowie Assimilation und Abschwächung von /tiur/ > /tjur/ > /tjər/ > /tʃər/ > /tʃə/.

27 **/kauntərberi/** Die Schreibung <u> verweist auf alte /y/-Aussprache.

31 **/evritʃɔːn/** < *everich* + *one.* /ɔːn/ < ae. *ān* /aːn/ (vgl. 4.1.2.). Die ne. Aussprache /wʌn/ setzt folgende angenommene Entwicklung voraus: /ɔːn/ > /oːn/ > /uːn/ > /wuːn/ > /wun/ > /wʌn/.

32 **/anɔːn/** < ae. *on ān* /aːn/. Die ne. Lautung /anɒn/ setzt im Gegensatz zu *one* nur Kürzung des betonten Vokals /ɔː/ voraus.

35 **/naðəlɛːs/** < ae. *nāþelǣs* /naːðəlæːs/. Kürze der 1. Silbe nach 4.2.2.; Länge der letzten Silbe durch Doppelgraphie gesichert; spätere Kürzung zu /-les/ (z. B. in *nevertheless*).

36 **/ɛːr/** < ae. *ǣr* /æːr/; vgl. ne. (arch.) *ere* /eə/.

38 **/juː/** < ae. *eow* /eːou/. Über /eoː/ > /iuː/ > /juː/, das bis heute unverändert blieb.

/kɔndisiuːn/ Nach dem Metrum viersilbig: /tu 'tclə 'juː al 'ðə kɔn'disi'uːn/. Zum Ne. hin sind folgende Assimilationen und Abschwächungen anzusetzen: /siuːn/ > /sjuːn/ > /sjən/ > /ʃn/.

42 **/wul/** < ae. *wyll*; entrundet zu /u/. Möglicherweise auch /wɔl/.

46 **/trɔuθ/** < ae. *trēowþ* /treːɔuθ/, das mit Akzentumsprung und Verlust des ersten vokalischen Elements über me. /trɔuθ/ zu ne. /trɒθ/ (vgl. ne. *by my troth*) wurde. Ne. *truth* /truːθ/ leitet sich aus demselben ae. Wort her. Seine schwierige Lautentwicklung ist wohl wie folgt anzusetzen: /eːu/ > /euː/ > /iuː/ > /uː/.

/freːdoːm/ Sofern *-dom*, das aus dem freien ae. Morphem *dōm* /doːm/ herzuleiten ist, bereits als Suffix fungiert, vielleicht auch /-dum, -dəm/.

/kurtaiziːə/ < agn. *curteisie* /kurteiziːə/. Möglicherweise hier bereits, wie im Ne., mit /s/.

48 **/ridən/** < ae. *ridden* (P.P. von *rīdan*); vgl. aber Z. 780 *ye riden* (Präs.) /riːdən/.

49 **/hɛːðənesə/** Möglicherweise mit Kürzung der 1. Silbe; vgl. 4.2.2.

53 **/prusə, rusə/** Die ne. Aussprache mit /ʃ/ stammt wohl aus Formen mit assimiliertem /-sjə/; vgl. die wohl latinisierende ne. Schreibung.

59 **/seː/** Statt des zu erwartenden /ɛː/ greift Chaucer im Reim gelegentlich auf südöstl. Dialektformen mit /eː/ zurück.

62 **/fɔuxtən/** Vgl. 4.2.5.

63 **/θriːəz/** Hier wird in der Flexionssilbe lenisierter Auslaut angesetzt. Zum Ne. hin hat sich jedoch nach Verlust des Endungsvokals die Form mit Fortis-Auslaut durchgesetzt.

66 **/anoːðər/** Vgl. 4.3.9.

67 **/priːs/** Hier wohl mit Fortis-Auslaut (< afrz. *pris*). Im Ne. sind *price* /praɪs/ und *prize* /praɪz/ sowohl orthographisch, als auch phonetisch und semantisch differenziert.

68 **/wiːs/** Von den Allomorphen mit auslautendem /s/ und ursprünglich inlautendem /z/ in der flektierten Form (me. *wise*) hat sich im Ne. die Lenis-Variante durchgesetzt.

72 **/parfit/** < afrz. *parfit*. Ne. *perfect* ist latinisierend.

74 **/goːdə/** Auslautendes /ə/ metrisch und grammatisch (Pl.) erforderlich.

80 **/luvjər ... batʃəler/** Für das Suffix *-er* gilt nur in metrisch betonter Stellung voller Vokal, sonst /ə/.

83 **/lengθə, ʃtrengθə/** Vielleicht auch noch /lengðə, ʃtrengðə/, da Frikativ in stimmhafter Umgebung.

85 **/tʃivatʃiːə/** Für die Endungen <-ie, -ye, -ies> gilt in betonter Stellung /iːə, iːəz/, in unbetonter Stellung wird /i, iz/ angesetzt (vgl. Z. 130, 207, 208, 235, 475 usw.).

87 **/weːl/** Neben der Form mit /e/ (z. B. 24, 29, 49 usw.) existierte eine mit langem Vokal. Hier wird für die Schreibung *wel* /wel/, für *weel* /weːl/ gebraucht.

89 **/imbruːdəd/** < agn. *embrouder*. Ab 17. Jh. *embroider.*

/mɛːdə/ ne. *mead.*

90 **/rɛːdə/** Die ne. Schreibung *red* ist an die gekürzte Lautung (vgl. 4.3.7) angeglichen.

95 **/kuːdə/** Die ne. Schreibung mit <l> (seit frne. Zeit) ist analog zu *should* und *would.*

/indiːtə/ Ne. *indict* /ɪndaɪt/ verdankt seine Graphie lat. *dictare.*

96 **/dʒuːst/** Me. Graphie legt eigentlich /dʒust/ nahe. Ne. /dʒaʊst/.

97 **/hɔːt/** < ae. *hāt* /haːt/. Frne. gekürzt; vgl. 4.3.10.

100 **/fadər/** < ae. *fæder* /fædər/. Zunächst me. gelängt zu /faːdər/ (vgl. 4.2.1.), dann analoge Kürze zur dreisilbigen Form *faderes* (vgl. 4.2.2.). Seit dem 15. Jh. /d/ > /ð/, auch in *mother, gather.*

105 **/bar/** Regelmäßig < ae. *bær* /bær/. Daneben existierten Dubletten mit /aː/ (vgl. die Schreibung in Z. 108 und 111). Die ne. Form stammt aus dem P.P. (me. *boren*).

110 **/wudəkraft/** < ae. *wudu* + *cræft*; vielleicht auch /wɔːdəkraft/ < ae. *wāþ* (Jagd; vgl. dt. Weid-) + *cræft*.

115 **/ʃeːnə/** < ae. *scēne* /ʃeːnə/, ne. (arch.) *sheen*.

120 **/gretəst/** Kürze vor Doppelkonsonanz. Die Steigerungsformen im Ne. sind analog zum Positiv ausgeglichen.

122 **/sɔːng/** Länge ergibt sich aus vorliegender Graphie. < ae. *sang* /a/, das gelängt und (südhumbr.) verdumpft wurde. Die ne. Lautung und Graphie stammen aus einer nördlichen Form mit kurzem Vokal.

124 **/spak/** Die ne. Form /spəʊk/ lehnt sich analog an das P.P. an.

/fɛːtisli/ < afrz. *fetis*; ne. *featous.*

125 **/atə/** Progressiv assimilierte Form < me. *at the*.

128 **/leːt/** < ae. *lēt* /leːt/. Frne. gekürzt.

131 **/drɔːp/** < ae. *dropa* (vgl. 4.2.1.); frne. gekürzt.

/brest/ < ae. *brēost*. Im Me. existierten Formen mit kurzem und langem Vokal; hier /e/ im Reim; die ne. Schreibung setzt Länge voraus.

132 **/lest/** Aus dem Verb *lystan* rückgebildetes Substantiv. Vokal aus dem SO (vgl. 4.1.1.).

133 **/kleːnə/** < ae./kent. *clēne* /eː/ gegenüber ae./ws. *clǣne* /æː/; aus letzterer Form erklärt sich die ne. Schreibung.

145 **/dɛːd/** Vgl. 4.3.7.

151 **/seːmili/** Gegenüber Z. 123 und 136 (*semely)* legt die Schreibung *semyly* ein /i/ in der zweiten Silbe nahe.

/was/ Der Reim mit /glas/ verlangt /s/. Neben den lenisierten Auslauten in unbetonten Funktionswörtern (vgl. 4.2.8.) existierten me. noch Fortis-Formen im Starkton.

160 **/goːld/** < ae. *gold* /o/ mit Dehnung nach 4.2.1. zu /oː/. Die ne. Lautung leitet sich aus der gekürzten Form /gɔld/ mit frne. Diphthongierung vor /l/ her. Der ne. Eigenname *Gould* /guːld/ setzt me. /goːld/ regelmäßig fort.

176 **/heːld/** < ae. *hēold*. Die ne. Lautung setzt frne. Kürzung voraus.

177 **/jaf/** < ae. *geaf, gæf* /jæf/. Der ne. Plosiv-Anlaut von *give* stammt aus dem an. *gefa*; der Lenis Frikativ /v/ wurde analog aus den inlautenden Formen des Verbs übernommen; der Vokal /eɪ/ beruht wohl auf Analogie mit anderen Formen.

180 **/ðats/** Mit Assimilation kontrahiert aus /ðat ɪz/.

197 **/was, glas/** Fortis /s/ bei *was* ergibt sich aus Reimgründen; vgl. Z. 151.

198 **/ʃɔːn/** < ae. *sc(e)ān* /ʃaːn/.

203 **/suːpl/** Auf langen Vokal weist die Graphie. Die ne. Aussprache mit /ʌ/ setzt Kürzung vor 1620 voraus; vgl. S. 33.

/istaːt/ Die beiden ne. Wörter *state* und *estate* gehen auf Formen mit und ohne ‚prothetisches e' zurück.

208 **/freːr/** Vgl. S. 32.

/wantɔun/ < ae. *wan+togen* /wantoɣən/. Entwicklung nach 4.2.4.

213 **/wumən/** Der Sg. *woman* leitet sich aus ae. *wifman* (mit Assimilation /fm/ > /mm/ > /m/ her. Von /i/ zu /u/ verdumpfte Formen konkurrieren im Chaucer-Englischen sowohl im Sg. als auch im Pl. und differenzieren sich später funktional.

214 **/pɔst/** Die ne. Aussprache setzt me. /ɔː/ voraus. Neben Formen mit /ɔ/ existierten solche mit langem Vokal, die sich regelmäßig aus der Pluralform *po-stes* (mit offener Silbe!) ergaben und verallgemeinert wurden.

215 **/famulɪer/** Graphie <u> stellt wohl eine umgekehrte Schreibung für /i/ dar, die eine Abschwächung von unbetontem afrz. /y/ > /i/ voraussetzt.

222 **/plɛːzaunt/** Die ne. Schreibung mit <ea> legt me. langen Vokal nahe, der später gekürzt wurde.

225 **/poːvrə/** < afrz. *pauvre*. In der weiteren Entwicklung ist Ausfall des /v/ anzusetzen.

230 **/sɔːrə/** < ae. *sāre* /saːrə/.

235 **/miri/** In Chaucer-Handschriften begegnen im Wort *merry* noch Schreibungen mit <u>, die ae. /y/ wiedergeben und hier als /i/ interpretiert werden.

245 **/sikə/** < ae. *sēoc* > me. *seek* /eː/. Die vorliegende Schreibung und ne. Aussprache zeigen Kürzung *von* /eː/ zu /e/, das zu /i/ gehoben wurde.

250 **/lɔuli/** Me. *lowe* < spätae. *lāge* /laːɣə/; vgl. 4.1.2. und 4.2.4.

/serviːsə/ Wohl ungenauer Reim, da weder anzunehmen ist, daß das Reimwort *arise* (249) mit /s/ noch das afrz. Lehnwort *service* mit /z/ gelautet wurde.

295 **/filɔsɔfiːə/** < afrz. *philosophie* /filozofiːə/. Aussprache mit /s/ wie im Ne. angenommen.

299 **/freːndəz/** Die me. Schreibung beweist Vokallänge, die heutige Graphie me. /eː/. Ne. /frend/ (nicht: /friːnd/) weist auf kurzen Vokal, der me. in der dreisilbigen Form *frendshipe* vorlag und verallgemeinert wurde.

306 **/hiː/** < ae. *hēge* /heːjə/ > /hiː(ə)/.

307 /spɛːtʃə/ < ae. *spǣce* /spæːtʃə/. Die ne. Schreibung mit <ee> weist auf eine südöstliche Aussprache mit /eː/. Möglicherweise lautet der Reim auch /speːtʃə/ : /teːtʃə/.

309 /wiːs/ Unflektiertes *wis* steht flektiertem *wise* (mit /z/; vgl. Z. 313) gegenüber.

345 /sniuəd/ < ae. *sniwde*. Ne. *to snow* wurde nach dem Substantiv *snow* (< ae. *snāw* /snaːu/) neu gebildet.

352 /rɛːdi/ Die ne. Schreibung läßt auf me. Vokallänge, die heutige Aussprache auf Kürzung in frne. Zeit schließen; vgl. 4.3.7.

354 /gɛːrə/ Ne. /gɪə/ leitet sich eher aus einer Form mit /eː/ her, die jedoch vom Reim nicht gestützt wird.

358 /heːng/ < ae. *hēng* /heːng/. Die Vokale der ne. Stammformen des Verbs (*hang, hung, hung*) unterlagen verschiedenen Analogieprozessen.

359 /ʃirreːvə/ < ae. *scīr gerēfa* /ʃiːr jəreːvə/. Das im Ne. verdunkelte Kompositum *sherrif* zeigt Kürzung vor Doppelkonsonanz und Senkung der ersten Silbe, nach 1500 eingetretene Kürzung von /iː/ in der zweiten Silbe und Fortisierung des Auslauts. Vielleicht bereits /ʃireːvə/.

369 /burdʒais/ < agn. *burgeis* /burdʒeis/; ne. *burgess* /bɜːdʒɪs/.

376 /iklept/ Das Metrum verlangt eine zweisilbige Form mit Synkopierung des /ə/, Assimilierung der Endung und kurzem Vokal. Vgl. dagegen *clepen* /klɛːpən/ in Z. 620.

386 /ʃin/ < ae. *scinn*. Ne. *shin* /ʃɪn/.

390 /kuːðə/ Die ne. Form *could*, die als *koude* bereits im Me. auftaucht (vgl. Z. 94, 95 u.ö.), verdankt ihr <d> der Analogie mit den Präteritalendungen der schwachen Verben. Ihr <l> ist analog aus *would* und *should* entlehnt.

397 /burdiusward/ Oder /burdɛusward/?

408 /goːtlɔːnd/ < ae. *gōtland*. Die me. Schreibung weist noch auf langen Vokal. Die ne. Aussprache lautet jedoch /gɒtlənd/.

411 /fiziːk/ Aussprache mit /iː/ liegt wegen Reimwort /liːk/ nahe. Möglicherweise lautete der Reim auch auf /ik/.

417 /ðə/ Hier möglicherweise bereits /ði/ zur Vermeidung des Hiatus.

429 Die Aussprache der Eigennamen ist meist nur aus der me. Schreibung herleitbar.

437 /nuriʃing/ Die Schreibung <ss> wurde me. auch für /ʃ/ Lautung gebraucht, so daß agn. Herkunft angenommen werden kann. Setzt man /s/ an, geht man von einer zentralfranzösischen Form aus (vgl. nfrz. *nourissant)*.

451 /wrɔːθ/ < ae. *wrāþ* /wraːθ/.

459 /liːvə/ Die hier vom Reim (/fiːvə/) geforderte Lenis ergibt sich regelmäßig aus der flektierten Form, in der der Frikativ intervoka-

lisch steht. Die ne. Lautung /laɪf/ verdankt ihren Fortis-Auslaut dem analogen Ausgleich innerhalb des Paradigmas.

461 **/juːðə, nuːðə/** Auch in diesen beiden Formen ist Lenis /ð/ regelmäßig (vgl. Z. 459); in ne. /juːθ/ liegt ebenfalls Systemausgleich vor.

463 **/dʒerusalɛːm/** Aus metrischen Gründen möglicherweise nur dreisilbig: /dʒersalɛːm/.

465 **/roːm/** Die regelmäßig entwickelte frne. Lautung /ruːm/ wird ab ca. 1800 von /roum/, heute /rəʊm/, abgelöst.

487 **/raːðər/** Oder **/raðər/**.

498 **/ðɔː/** < ae. *þā* /θaː/.

502 **/lɛuəd/** < ae. *lǣwede* /lɛuədə/. Zur geringen Frequenz des Diphthongs /ɛu/ vgl. S. 18.

504 **/ʃitən/** P.P. des Verbs *shiten* (ne. *to shit*) mit seinen me. Stammformen /ʃiːtən, ʃɔːt, ʃitən, ʃitən/.

506 **/klɛːnnes/** Vor Doppelkonsonanz möglicherweise mit kurzem Vokal /e/; vgl. ne. *cleanliness.*

519 **/hɛːvən/** Möglicherweise bereits analog zu flektierten, dreisilbigen Formen mit kurzem Vokal /e/.

525 Metrisch unregelmäßiger Vers.

529 **/broːðər/** Vgl. 4.3.9.

533 **/hɔːl/** Die ne. <wh-> Graphie differenziert *whole* von *hole.*

535 **/naixəbuːr/** < ae./angl. *nēhgebūhr* /neːxjəbuːr/ mit Gleitlaut und /j/-Verlust > /neixəbuːr/ > /naixəbuːr/.

541 **/meːrə/** < ae./angl. *mēre* /meːrə/. Ne. *mare* geht auf ae./ws. *mear* zurück.

549 **/ʃuldrəd/** Vgl. ae. *sculdor* /ʃuldər/. Die ne. Aussprache leitet sich aus der ae. Nebenform *sceoldor* /ʃoldər/ her.

555 **/heːriz/** < ae./angl. *hēr* /heːr/. Ne. *hair* leitet sich jedoch aus einer me. Form mit /ɛː/ (< ae./ws. *hǣr* /hæːr/) her. Vgl. Z. 589.

556 **/bristləz/** Schreibung <u> verweist auf alte /y/-Aussprache.

558 **/eksemplə/** Die vorliegende Schreibung und Ausprache orientieren sich am Lat., während sich ne. e*xample* vom afrz./agn. *exa(u)mple* herleitet.

579 **/stiːward/** < ae. *stigward* /stiːward/; mit späterer Vokalisierung von /iːw/ > /iu/.

591 **/leːnə/** Im Reim südöstl. Dialektvariante zu /lɛːnə/ < ae. *lǣne* /læːnə/.

597 **/nɛːt/** < ae. *nēat* /nɛːət/.

598 **/pultriːə/** < afr. *pouleterie*. Ne. /pəʊltrɪ/ zeigt Sonderentwicklung vor /l/.

613 **/juːθ/** In Auslautposition wird hier Fortis-Lautung angesetzt; vgl. aber Z. 461.

616 /pumli/ Den ne. Aussprachevarianten /pʌmli/ und /pɒmlɪ/ liegen bereits me. (und afrz.) unterschiedliche Vokale zugrunde.

617 /haːdə/ Die auf *blade* reimende Form stellt eine Dublette zu *hadde* /hadə/ dar.

620 /klɛːpən/ Der betonte Vokal in ae. *cleopian*, frme. *clepian*, wurde unter Öffnung gedehnt.

623 /sumnuːr/ Ne. /sʌmnər/.

625 /narwə, sparwə/ Die Diphthonge in ne. *narrow* und *sparrow* gehen auf sog. Sproßvokal zurück, /rw/ > /row, rou/.

634 /uinunz/ < agn. *uignon*. Die ne. Aussprache /ʌnjən/ zeigt Nachahmung des frz. „n mouillé".

650 /felau/ < ae. *fēolaga,* an. *félagi.* Die ne. Aussprache mit /əʊ/ zeigt möglicherweise Analogie mit Wörtern auf <-ow>.

661 In *savith/significavit* liegt wohl Augenreim vor. Vielleicht aus metrischen Gründen /siːnfikavit/.

664 /girləz/ < ae. **gyrele*. Zu den drei Varianten *girle, gurle, gerle* vgl. 4.1.1.

/diːɔsiːzə/ Ne. /daɪəsɪs/ zeigt Fortis-Auslaut.

671 /kuːrt/ < afrz. court /kuːrt/. Vokalqualität ergibt sich aus Schreibung und Etymologie.

671 Der Reim *Rome : to me* belegt die Aussprache von <-e> am Zeilenende. Er ist möglicherweise bewußt gezwungen, da *me* sonst nicht in Reimen mit auslautendem /ə/ vorkommt.

676 /smoːθ/ In der ne. Aussprache ist die Lenislautung /ð/ aus flektierten Formen verallgemeinert worden.

702 /persuːn/ Ne. *parson* zeigt Senkung von /e/ vor /r/ (vgl. 4.3.2.), während ne. *person* sich lautlich und orthographisch an das Frz. und Lat. anlehnt.

708 /tʃirtʃ/ < ae. *circe, cyrce.* Zu ne. *church* vgl. 4.1.1.

714 /miriərli/ Die Graphie <u> setzt frühere /y/ Lautung voraus.

722 /hɔstəlri/ Die Endung /i/ wird gegenüber /iːə/ in unbetonter Stellung angesetzt; vgl. Z. 23, 718 /hɔstəlriːə/.

729 /prɔprəliː/ Das folgende Reimwort verlangt Länge der sonst kurzen Endung.

741 /reːdə, deːdə/ Der /eː/ Reim verweist für *rede* auf eine me. Dialektlautung (N und SO).

753 /stɛːpə/ < ae. *stēap* /stɛːəp/. Die ne. Schreibung *steep* ist möglicherweise von *deep* beeinflußt.

774 /duːmb/ Ne. /dʌm/ zeigt Verlust des auslautenden /b/ in frne. Zeit und Kürzung des Vokals, möglicherweise beeinflußt von regelmäßiger Kürze in me. *dumbnesse.*

792 /twaiə/ < ae. *twēgen*. Zur Form des Zahlwortes, die sich im Ne. durchgesetzt hat, vgl. Z. 794.

794 /twɔː/ < ae. *twā*. Für die ne. Aussprache sind Hebung, Verlust des /w/ und die Vokalverschiebung innerhalb der *GVS* anzusetzen: /twɔː > twoː > toː > tuː/.

795 /hwiːləm/ < ae. *whīlom* /hwiːləm/.

801 *Caunterbury/mury* Die Schreibung <u> verweist auf alte /y/-Aussprache.

808 /wurdəz/ Vgl. ae. *wōrd* /woːrd/. Ausgangspunkt für ne. /wɜːd/ bilden jedoch Formen mit /u/.

820 /drunken/ Aus dem me. Paradigma *drinken, drank, dronken, dronken* wurde später die hier vorliegende zweite Präteritalform im Wege des Systemausgleichs zugunsten der ersten aufgegeben.

825 /ridn/ Die heutige Präteritalform /rəʊd/ geht auf Systemausgleich zwischen den beiden me. Präteritalformen *rode* /ɔː/ und *riden* /i/ zurück.

838 /akɔːrd/ Die Länge des Vokals ergibt sich aus dem Reimwort *lord*. Vgl. dagegen regelmäßige Vokalkürze in Z. 830.

8. Bibliographie

Baugh, A. C. / T. Cable. [4]1993. *A History of the English Language.* London: Routledge and Kegan Paul.

Benson, L. D., ed. 1987. *The Riverside Chaucer.* Third edition. Based on *The Works of Geoffrey Chaucer.* Edited by F. N. Robinson. Boston: Houghton Mifflin Co.

Berndt, R. 1960. *Einführung in das Studium des Mittelenglischen.* Halle: Niemeyer.

Bourcier, G. 1981. *An Introduction to the History of the English Language.* English Adapation by Cecily Clark. Cheltenham: Thornes.

Brunner, K. [6]1967. *Abriß der mittelenglischen Grammatik.* Tübingen: Niemeyer.

—. [2]1960-1962. *Die englische Sprache. Ihre geschichtliche Entwicklung,* 2 Bde. Tübingen: Niemeyer.

Davis, N. et al. 1979. *A Chaucer Glossary.* Oxford: OUP.

Fisiak, J. 1968. *A Short Grammar of Middle English. Part I: Graphemics, Phonemics and Morphemics.* Warszawa: Państwowe Wydawnictwo Naukowe.

Fries, U. 1985. *Einführung in die Sprache Chaucers. Phonologie, Metrik und Morphologie.* Anglistische Arbeitshefte 20. Tübingen: Niemeyer.

Görlach, M. [3]1994. *Einführung in die englische Sprachgeschichte.* Heidelberg: Quelle & Meyer.

—. [2]1994. Einführung ins Frühneuenglische. Heidelberg: Winter.

Jordan, R. [3]1968. *Handbuch der mittelenglischen Grammatik. I. Teil: Lautlehre.* Heidelberg: Winter.

Kökeritz, H. 1961. *A Guide to Chaucer's Pronunciation.* Stockholm: Almquist & Wiksell.

Kurath, H. / S. M. Kuhn, eds. 1954 ff. *Middle English Dictionary.* Ann Arbor: University of Michigan Press.

Luick, K. 1914-1921. *Historische Grammatik der englischen Sprache.* 1. Bd. Leipzig: Tauchnitz.

Mossé, F. 1973. *Mittelenglische Kurzgrammatik.* München: Hueber.

Strang, B. M. H. 1970. *A History of English.* London: Methuen.

Weimann, K. [3]1995. Einführung ins Altenglische. Heidelberg: Quelle & Meyer.

Weinstock, H. 1968. *Mittelenglisches Elementarbuch.* Göschen 1226 / 1226a / 1226b. Berlin: de Gruyter.